I0821478

El Libro de Enoc

12ª edición: diciembre 2025

Diseño de portada: Editorial Sirio, S.A.

www.editorialsirio.com
sirio@editorialsirio.com

I.S.B.N.: 978-84-96595-14-9
Depósito Legal: MA-682-2016

Impreso en Imagraf Impresores, S. A.
c/ Nabucco, 14 D - Pol. Alameda
29006 - Málaga

Impreso en España

Puedes seguirnos en Facebook, X, YouTube e Instagram.

El Libro de Enoc

HOJAS DE LUZ
EDITORIAL

Vivió Jared ciento sesenta y dos años, y engendró a Enoc. Y después que engendró a Enoc, ochocientos años, y engendró hijos e hijas. Y fueron todos los días de Jared novecientos sesenta y dos años; y murió. Vivió Enoc sesenta y cinco años, y engendró a Matusalén. Y caminó Enoc con Dios, después de engendrar a Matusalén, trescientos años, y engendró hijos e hijas. Y fueron todos los días de Enoc trescientos sesenta y cinco años. Caminó, pues, Enoc con Dios, y desapareció, pues se lo llevó Dios.

Génesis 5, 18-24

Por su fe, fue Enoc transportado, a fin de que no viera la muerte. Y nunca se le halló, pues Dios se lo había llevado consigo. Y antes de haber sido transportado, tuvo testimonio de haber agradado a Dios.

Hebreos 11, 5

De éstos también profetizó Enoc, el séptimo desde Adán, diciendo: «He aquí que llega el Señor con decenas de millares de sus santos, para juzgar a todos, y condenar a los malvados de entre ellos por sus malvadas obras hechas con maldad, y por todas las malas acciones y las malas palabras que han hecho y hablado en contra suya».

Judas 1, 14-15

Prefacio

En los textos bíblicos, la primera noticia que tenemos de Enoc nos la da el Génesis (5, 18-24), pero deja más preguntas que respuestas. La Epístola a los Hebreos (11, 5) nos da la respuesta y el Evangelio de Judas nada menos que cita a Enoc. ¿Cómo pudo conocer Judas las palabras de Enoc, si éstas no figuran en la Biblia? La respuesta, por supuesto, es *El libro de Enoc*. Pero ¿qué es *El libro de Enoc*? ¿De dónde procede?

Se trata de un texto apocalíptico, cosmogónico y, sin duda, uno de los apócrifos más apasionantes que nos ha legado la antigüedad. El misterio del Seol, morada de las almas de los muertos, la caída de los ángeles y su relación con las hijas de los hombres, los gigantes, así como numerosos temas que los textos bíblicos sólo tocan de pasada aparecen tratados en *El libro de Enoc* con una gran precisión y claridad. Más que una sola obra, se trata de una recopilación de siete libros distintos, cuyo contenido es principalmente simbólico, con insinuaciones de misterios astronómicos y cósmicos, referentes a la historia de la especie humana y de sus primitivos conceptos teogónicos. Se halla poblado de personajes enigmáticos como Uriel y otros «ángeles», a los que hoy llamaríamos «extraterrestres». Parece ser que en los albores de la historia humana —e incluso antes— nuestra especie fue influenciada por seres venidos del cosmos. El rastro de estas influencias es evidente en muchas cosmogonías y mitologías antiguas. Su autor vaticinó con admirable exactitud las enseñanzas de Jesús Nazareno y la leyenda semítica de la triunfal vuelta del Hijo del Hombre. También aborda el sobrenatural dominio de los elementos, mediante la acción de ángeles que presiden sobre los vientos, el mar, el granizo, la escarcha, el rocío, el relámpago y el trueno.

Escrito varios siglos antes de nuestra era, *El libro de Enoc* fue considerado por los cristianos de los primeros tiempos como parte de las Sagradas Escrituras; los escritos de los llamados «Padres de la Iglesia» se encuentran repletos de referencias a este misterioso libro; la Epístola de Bernabé lo cita varias veces; Justino mártir, Ireneo, Orígenes y Clemente de Alejandría lo mencionan igualmente; Tertuliano (160-230 d. de C.) incluso lo llama «Sagrada Escritura», y la Iglesia etíope lo incluyó en su canon oficial. Fue un texto muy conocido y leído durante los tres primeros siglos de nuestra era, aunque posteriormente fue desacreditado en el Concilio de Laodicea (364 d. de C.). A partir de ese momento, prohibida ya su lectura por las autoridades eclesiásticas, dejó gradualmente de circular.

Después de haber permanecido olvidado durante muchos siglos, la época de la reforma protestante vivió un gran interés por *El libro de Enoc*. A finales del XIII abundaron los rumores acerca de algún ejemplar descubierto, e incluso aparecieron varios libros que pretendían ser *El Libro de Enoc*, pero en todos los casos se trató de falsificaciones.

La recuperación moderna de *El libro de Enoc* se debe al explorador James Bruce, quien en 1773, tras permanecer seis años en Abisinia, volvió a Inglaterra con tres ejemplares etíopes del libro tantos siglos perdido. La primera traducción inglesa se publicó en 1821. Más tarde, a principios del siglo XX, se descubrieron algunos fragmentos del texto en griego y, finalmente, en los Rollos del Mar Muerto aparecieron siete ejemplares en lengua aramea, aunque todos ellos incompletos.

Se cree que *El libro de Enoc* fue escrito unos trescientos años antes de la era cristiana por algún erudito de raza semítica, quien, creyéndose inspirado por Dios, tomó el nombre del patriarca antediluviano para difundir, entre otras interesantes informaciones y predicciones, sus entusiastas vaticinios acerca del futuro Mesías. *El libro de Enoc* está dividido en cinco partes principales; de ellas, la llamada «Libro de las Parábolas» es la que más ha inquietado a los estudiosos, pues menciona la figura del «Mesías», «el Justo» y «el Hijo del Hombre». En los evangelios canónicos aparecen más de noventa expresiones y frases diversas que, en opinión de los eruditos, están basadas en *El libro de Enoc*.

El Libro de Enoc

Introducción

Capítulo I

Bendición a los elegidos

1. Palabras de bendición con las que Enoc bendijo a los elegidos y a los justos que vivirán en el día de la aflicción, en el que serán rechazados todos los malvados e impíos, mientras los justos serán salvados.
2. Enoc, hombre justo cuyos ojos fueron abiertos por el Señor, tomó la palabra y dijo: «Me ha sido revelada la visión del Santo de los cielos y he oído las palabras de los Guardianes; las escuché y he aprendido todo de ellos y he comprendido que no hablo para esta generación, sino para una generación todavía lejana, que está por venir.
3. »Es a causa de los elegidos por lo que hablo y a causa de ellos pronuncio mi parábola: el Santo Grande y Único vendrá desde su morada.
4. »El Dios eterno andará sobre la tierra, aparecerá con su gran ejército sobre el monte Sinaí y surgirá en la fuerza de su poder desde lo alto de los cielos.
5. »Y todos los Guardianes temblarán y un gran temblor sacudirá hasta los más remotos confines de la tierra.

6. »Las altas montañas se resquebrajarán y se derrumbarán, y las colinas se aplanarán y se fundirán, como la cera ante la llama.
7. »Y la tierra se escindirá y todo lo que está sobre la tierra perecerá, y tendrá lugar un juicio sobre todos los seres y todas las cosas.
8. »Pero el Señor hará la paz con los justos y protegerá a los elegidos, y sobre ellos reposará la clemencia, y todos ellos serán de Dios y serán dichosos y benditos, y para ellos brillará la luz de Dios.
9. »Él viene, con gran número de santos para ejercer el juicio, y aniquilará a los impíos, y castigará a todo lo que es carne, por todo lo que han hecho y cometido contra Él los pecadores y los impíos.

Capítulo II

Las obras del cielo

1. »Observad todas las cosas que ocurren en el cielo, cómo las luminarias del cielo no cambian su ruta en las posiciones de sus luces, y cómo todas nacen y se ponen, ordenadas cada una según su estación, y no desobedecen su orden.
2. »Mirad la tierra y prestad atención a sus obras, desde el principio hasta el fin, ved cómo ninguna obra de Dios sobre la tierra cambia, y todas son visibles para vosotros.
3. »Ved las señales del verano y las señales del invierno, cómo la tierra entera se llena de agua y las nubes rocían la lluvia sobre ella.

Capítulo III
Los árboles

1. »Observad y ved cómo todos los árboles se secan y cae todo su follaje; excepto catorce árboles cuyo follaje permanece y que esperan con todas sus hojas viejas hasta que vengan nuevas tras dos o tres años.

Capítulo IV
El verano

1. »Y observad también las señales del verano, cómo en su primera parte el sol quema y rescalda, y entonces buscáis sombra sobre la superficie ardiente de la tierra y refugio del ardor del sol, sin encontrar forma de marchar ni por el suelo y ni por las rocas, a causa del calor.

Capítulo V
La sabiduría de los elegidos

1. »Observad y ved todos los árboles, ved cómo se cubren del verdor de las hojas y tienen frutos, comprended bien todo y sabed cómo el Dios vivo, el que vive eternamente, ha hecho todas esas cosas para vosotros.
2. »Cómo todas sus obras prosiguen de año en año hasta siempre, y todas le obedecen sin alteraciones y todo pasa como Dios lo ha establecido.
3. »Y ved cómo los mares y los ríos de igual forma cumplen el concierto de su obra.

4. »Sin embargo, vosotros cambiáis sus tareas y no cumplís su palabra. La habéis transgredido y habéis ultrajado su grandeza con palabras altaneras e hirientes de vuestra boca impura. Duros de corazón, ¡no habrá paz para vosotros!
5. »Por ello maldeciréis vuestros días y los años de vuestra vida se perderán; pero (los años de vuestra perdición) se multiplicarán en una eterna maldición; y no habrá misericordia para vosotros.
6. »En esos días vuestros nombres significarán maldición eterna para todos los justos, y en vosotros serán malditos todos los malditos y por vosotros jurarán todos los pecadores y malvados.
7. »Para los elegidos habrá luz, alegría y paz, y heredarán la tierra, pero para vosotros, impíos, habrá maldición.
8. »Y entonces la sabiduría se dará a los elegidos y vivirán todos, y no pecarán más ni por olvido ni por orgullo, más bien al contrario, los sabios se humillarán.
9. »No transgredirán más ni pecarán el resto de su vida, ni morirán por el castigo o por la ira divina, sino que completarán el número de los días de su vida. Su vida será aumentada en paz, y sus años de regocijo serán multiplicados en eterna alegría y paz».

Libro de los ángeles y ascensión de Enoc

Capítulo VI

Caída y juramento de los hijos del cielo

1. Sucedió que en aquellos días se multiplicaron los hijos de los hombres, y les nacieron hijas hermosas y bonitas.
2. Y los ángeles, hijos del cielo, las vieron y las desearon, y se dijeron unos a otros: «Vayamos y escojamos mujeres de entre las hijas de los hombres y engendremos hijos».
3. Entonces Semyaza, que era su jefe, les dijo: «Temo que no queráis realmente llevar a cabo esta acción y sea yo el único responsable de un gran pecado».
4. Pero ellos le respondieron: «Hagamos todos un juramento y comprometámonos todos bajo un anatema a no retroceder en este proyecto hasta ejecutarlo realmente».
5. Entonces todos juraron unidos y se comprometieron al respecto los unos con los otros, bajo un anatema.
6. Y eran en total doscientos los que descendieron sobre la cima del monte que llamaron «Hermon», porque sobre él habían jurado y se habían comprometido mutuamente bajo anatema.

7. Éstos son los nombres de sus jefes: Semyaza, quien era el principal, y en orden con relación a él, Arakib, Aramiel, Kokabiel, Tamiel, Ramiel, Daniel, Ezequiel, Baraqiel, Aael, Armaros, Batariel, Ananiel, Zaqile, Samsapeel, Satariel, Touriel, Yomeyal y Arazeyal.
8. Éstos son los jefes de decena.

Capítulo VII

Los gigantes

1. Éstos y todos los demás tomaron para sí mujeres y cada uno escogió entre todas y comenzaron a tener relaciones con ellas, a enseñarles los encantos y los encantamientos, y el arte de cortar las raíces y la ciencia de las plantas.
2. Y ellas quedaron embarazadas de ellos y parieron gigantes de unos tres mil codos de altura que nacieron sobre la tierra y crecieron.
3. Y devoraban el fruto del trabajo de todos los hijos de los hombres hasta que los humanos ya no lograban alimentarlos.
4. Entonces, los gigantes se volvieron contra los humanos para matarlos y devorarlos.
5. Y empezaron a pecar contra todos los pájaros del cielo y contra todas las bestias de la tierra, contra los reptiles y contra los peces del mar, y se devoraban los unos la carne de los otros y bebían su sangre.
6. Entonces la tierra acusó a los impíos por todo lo que se había hecho en ella.

Capítulo VIII

Azazel

1. Y Azazel enseñó a los hombres a fabricar espadas de hierro y corazas de cobre, y les mostró cómo se extrae y se trabaja el oro hasta dejarlo listo, y en lo que respecta a la plata, a repujarla para hacer brazaletes y otros adornos. A las mujeres les enseñó sobre el antimonio, el maquillaje de los ojos, las piedras preciosas y las tinturas.
2. Y la impiedad fue grande y general; ellos fornicaron y erraron, y hubo gran corrupción.
3. Amiziras instruyó a los encantadores y los cortadores de raíces, Armaros enseñó a romper los hechizos, Baraqiel instruyó a los astrólogos, Kokabiel enseñó los presagios, Tamiel el significado del aspecto de las estrellas y Asdariel el curso de la luna. Y todos revelaron secretos a sus esposas.
4. Y en (su) aniquilación los hombres gritaron, y su clamor subió al cielo.

Capítulo IX

Miguel, Uriel, Rafael y Gabriel

1. Entonces Miguel, Uriel, Rafael y Gabriel observaron la tierra desde el santuario de los cielos, y vieron mucha sangre derramada sobre la tierra y que estaba toda llena de la injusticia y de la violencia que se cometía sobre ella.
2. Y dijéronse el uno al otro: «El grito y el lamento por la destrucción de los hijos de la tierra sube hasta las puertas del cielo».

3. Ahora es a vosotros, santos del cielo, a quienes se lamentan las almas de los hombres; ellos dicen: «Llevad nuestra causa ante el Altísimo».
4. Y Rafael, Miguel, Uriel y Gabriel dijeron al Señor del mundo: «Tú eres nuestro gran Señor, el Señor del mundo, el Dios de dioses, el Señor de señores y el Rey de reyes; los cielos son el trono de tu gloria por todas las generaciones que existen desde siempre; toda la tierra es el escabel ante ti para siempre, y tu nombre es grande, santo y bendito por toda la eternidad.
5. »Eres tú quien todo lo ha creado y en ti reside el poder sobre todas las cosas; todo es descubierto en toda su desnudez ante ti; tú lo ves todo y nada se te puede esconder.
6. »Tú has visto lo que ha hecho Azazel, cómo ha enseñado toda injusticia sobre la tierra y ha revelado los secretos eternos que se cumplen en los cielos.
7. »Y lo que ha enseñado a los humanos Semyaza, al que tú habías dado la facultad de gobernar sobre sus compañeros.
8. »Ellos han ido hacia las hijas de los hombres y se han acostado con ellas, y se han profanado a sí mismos descubriéndoles todo pecado.
9. »Luego estas mujeres han puesto gigantes en el mundo, por lo que la tierra entera se ha llenado de injusticia.
10. »Y ahora, he aquí que las almas de los que están muertos gritan y se lamentan hasta las puertas del cielo, y su gemido ha subido y no puede salir ante la injusticia que se comete en la tierra.
11. »Pero tú que conoces todas las cosas antes de que sucedan, tú que sabes aquello, tú los toleras y no nos dices qué debemos hacerles al observar eso».

Capítulo X
Profecías sobre el diluvio, sobre Azazel y Semyaza

1. Entonces el Altísimo, Grande y Santo habló y envió a Uriel al hijo de Lamec.
2. Y le dijo: «Ve hacia Noé y dile en mi nombre: "Escóndete", y revélale la consumación que viene, pues la tierra entera va a perecer, un diluvio va a venir sobre toda la tierra y todo lo que se encuentre sobre ella perecerá.
3. »Enséñale lo que debe hacer para preservar su alma para la vida y escapar definitivamente, pues por él será sembrada una planta y serán establecidas todas las generaciones».
4. Y, además, el Señor le dijo a Rafael: «Encadena a Azazel de pies y manos, arrójalo en las tinieblas, abre el desierto que está en Dudael y arrójalo en él;
5. »echa sobre él piedras ásperas y cortantes, cúbrelo de tinieblas, déjalo allí eternamente sin que pueda ver la luz,
6. »y en el gran día del Juicio, que sea arrojado al fuego.
7. »Después, sana la tierra que los ángeles han corrompido y anuncia su curación, a fin de que se sanen de la plaga y que todos los hijos de los hombres no se pierdan debido al misterio que los Guardianes descubrieron y han enseñado a sus hijos.
8. »Toda la tierra ha sido corrompida por medio de las obras que fueron enseñadas por Azazel; impútale entonces todo pecado».
9. Y el Señor dijo a Gabriel: «Procede contra los bastardos y réprobos hijos de la fornicación, haz desaparecer a los hijos de los Guardianes de entre los humanos y hazlos entrar en una guerra de destrucción, pues no habrá para ellos muchos días.

10. »Ninguna petición en su favor será concedida, pues esperan vivir una vida eterna y cada uno de ellos vivirá quinientos años».
11. Y a Miguel le dijo el Señor: «Ve y anuncia a Semyaza y a todos sus cómplices que se unieron con mujeres y se contaminaron con ellas en su impureza
12. »que sus hijos perecerán y ellos verán la destrucción de sus seres queridos. Encadénalos durante setenta generaciones en los valles de la tierra hasta el gran día de su juicio.
13. »En esos días se los llevará al abismo de fuego, a los tormentos y al encierro en la prisión eterna.
14. »Todo el que sea condenado estará perdido de ahí en adelante y será encadenado con ellos hasta la destrucción de su generación. Y en la época del juicio que yo juzgaré, perecerán por todas las generaciones.
15. »Destruye todos los espíritus de los bastardos y de los hijos de los Guardianes porque han hecho obrar mal a los humanos.
16. »Destruye la opresión de la faz de la tierra, haz perecer toda obra de impiedad y haz que aparezca la planta de justicia; ella será una bendición y las obras de los justos serán sembradas en alegría para siempre.
17. »En ese tiempo todos los justos se salvarán y vivirán hasta que engendren millares. Todos los días de vuestra juventud y vuestra vejez se completarán en paz.
18. »Entonces toda la tierra será cultivada en justicia, y toda ella será plantada de árboles y llena de bendición.
19. »Todos los árboles de la tierra que deseen serán plantados en ella y se sembrarán allí viñas, y cada una de ellas producirá mil jarras de vino y cada semilla producirá mil medidas por una, y una medida de aceitunas producirá diez lagares de aceite.

20. »Y limpia tú la tierra de toda opresión, de toda violencia, de todo pecado, de toda impiedad y de toda maldad que ocurre en ella, y hazlos desaparecer de la tierra.
21. »Y todos los hijos de los hombres llegarán a ser justos y todas las naciones me adorarán, se dirigirán en oración a mí y me alabarán.
22. »Y la tierra estará pura de toda corrupción, de todo pecado, de todo castigo y de todo dolor; y yo no enviaré más (estas plagas) sobre la tierra hasta las generaciones de las generaciones y hasta la eternidad.

Capítulo XI

Profecía sobre los tesoros

1. »Y en esos días abriré los tesoros de bendición que están en el cielo, para hacerlos descender sobre la tierra, sobre las obras y el trabajo de los hijos de los hombres.
2. »Y la paz y la verdad estarán unidas todos los días del mundo y por todas las generaciones de los hombres.

Capítulo XII

Enoc oculto. Mensaje a los Guardianes

1. Ante esos sucesos Enoc había sido ocultado y no existía ningún humano que supiera dónde fue escondido ni dónde estaba, ni qué le sucedió.
2. Él realizaba todas sus acciones con los Guardianes y pasaba sus días con los santos.

3. Así, yo, Enoc, estaba comenzando a bendecir al Señor de majestad, al Rey de los tiempos, y he aquí que el Guardián del gran Santo me llamó a mí, Enoc, el escriba y me dijo:
4. «Enoc, escriba de justicia, ve a los Guardianes del cielo que han abandonado las alturas del cielo, el eterno lugar santo, que se han contaminado con las mujeres haciendo como hacen los hijos de los hombres, y han tomado mujeres y han forjado una gran obra de corrupción sobre la tierra, y hazles saber
5. »que no habrá para ellos paz ni redención de su pecado.
6. »Y así como gozaron a causa de sus hijos, ellos verán la muerte de sus bienamados, llorarán por la pérdida de sus hijos y suplicarán eternamente, pero no habrá para ellos misericordia ni paz».

Capítulo XIII

Condena a Azazel

1. Luego, Enoc se fue y le dijo a Azazel: «No habrá paz para ti, contra ti ha sido pronunciado un gran juicio para encadenarte.
2. »No habrá para ti ni tregua ni intercesión, porque has enseñado la injusticia y por todas las obras de impiedad, violencia y pecado que has enseñado a los humanos».
3. Y avanzando les hablé a todos ellos, y todos temieron y se espantaron y el temblor se apoderó de ellos.
4. Me suplicaron que elevara una petición por ellos para que pudieran encontrar perdón por sus pecados y que la leyera en presencia del Señor del cielo.

5. Porque desde entonces ellos no pueden hablar a Dios ni levantar sus ojos al cielo, debido a la vergüenza por los crímenes por los cuales fueron condenados.
6. Entonces escribí su oración con todas sus peticiones por sus almas, por cada una de sus obras y por lo que suplicaban todos, que hubiera para ellos perdón y larga vida.
7. Fui y me senté junto a las aguas de Dan, en la tierra de Dan, al sur del Hermonín, a su lado occidental, y estuve leyendo el libro donde anoté sus peticiones, hasta que me dormí.
8. He aquí que me vinieron sueños y cayeron sobre mí visiones hasta que levanté los párpados a las puertas del palacio del cielo y tuve una visión del rigor del castigo. Y vino una voz y me dijo: «Habla a los hijos del cielo para reprenderlos».
9. Cuando desperté fui a ellos. Todos estaban reunidos juntos y sentados llorando, en la Fuente del Llanto que está entre el Líbano y Senaser, con los rostros cubiertos.
10. Conté delante de ellos todas las visiones que había tenido en sueños y me puse a hablar con palabras de justicia y de visión, y a reprender a los Guardianes celestiales.

Capítulo XIV

CASTIGO DE LOS GUARDIANES. LA CASA DE GRANIZO

1. Éste es el libro de las palabras de la verdad y de la reprensión de los Guardianes que existen desde siempre según lo ordenó el Gran Santo en el sueño que tuve.
2. En esta visión vi en mi sueño lo que digo ahora con la lengua de carne, con el aliento de mi boca, que el Grande ha

dado a los humanos para que hablen con ella y para que comprendan en el corazón. Así como Dios ha creado y destinado a los hijos de los hombres para que entiendan las palabras de conocimiento, así me ha creado, hecho y destinado a mí para que reprenda a los Guardianes, a los hijos del cielo.

3. Guardianes: he escrito vuestra oración; pero en mi visión me fue enseñado que vuestra oración no será atendida.
4. Así, pues, no subiréis más al cielo en toda la eternidad,
5. porque ha sido ordenado encadenaros sobre la tierra todos los días del mundo.
6. Pero antes veréis que todos vuestros seres queridos irán a la destrucción con todos sus hijos, y no disfrutaréis las riquezas de vuestros seres queridos y de sus hijos, y ellos caerán en vuestra presencia por la espada de destrucción.
7. Pues ni vuestra petición por ellos ni la petición por vosotros serán concedidas. Continuaréis pidiendo y suplicando, y mientras lloráis no pronunciéis ni una palabra del texto que he escrito.
8. Esto me fue revelado en la visión: he aquí que las nubes me llamaban, la neblina me gritaba, los relámpagos y truenos me apremiaban y me despedían, y en la visión los vientos me hacían volar, me levantaban en lo alto, me llevaban y me hacían entrar en los cielos.
9. Entré en ellos hasta que llegué al muro de un edificio construido con piedras de granizo, rodeado y cercado completamente con lenguas de fuego que comenzaron a asustarme.
10. Entré por esas lenguas de fuego hasta que llegué a una casa grande construida con piedras de granizo cuyos muros eran como planchas de piedra; todas ellas eran de nieve y su suelo también estaba hecho de nieve.

11. Su techo era como relámpagos y truenos; entre ellos había querubines de fuego y su cielo era de agua.
12. Un fuego ardiente rodeaba todos sus muros cercándolos por completo y las puertas eran de fuego ardiente.
13. Entré en esta casa que era caliente como fuego y fría como nieve. No había en ella ninguno de los placeres de la vida. Me consumió el miedo y el temblor se apoderó de mí.
14. Tiritando y temblando, caí sobre mi rostro y se me reveló una visión.
15. He aquí que vi una puerta que se abría delante de mí y otra casa que era más grande que la anterior, construida toda con lenguas de fuego.
16. Toda ella era superior a la otra en esplendor, gloria y majestad, tanto que no puedo describiros su esplendor y majestad.
17. Su suelo era de fuego, su parte superior de truenos y relámpagos, y su techo de fuego ardiente.
18. Me fue revelada y vi en ella un trono elevado cuyo aspecto era el del cristal y cuyo contorno era como el sol brillante, y una voz de querubines se oía.
19. Por encima del trono salían ríos de fuego ardiente y yo no resistía mirar hacia allá.
20. La Gran Gloria tenía sede en el trono, y su vestido era más brillante que el sol y más blanco que cualquier nieve;
21. ningún ángel podía verle el rostro debido a la magnífica Gloria y ningún ser de carne podía mirarlo.
22. Un fuego ardiente le rodeaba y un gran resplandor se levantaba ante Él. Ninguno de los que le rodeaban podía acercársele, y multitudes y multitudes estaban de pie ante Él y Él no necesitaba consejeros.
23. Y las santidades de los santos que estaban cerca de Él no se alejaban durante la noche ni se separaban de Él.

24. Yo hasta ese momento estaba postrado sobre mi rostro, temblando, y el Señor por su propia boca me llamó y me dijo: «Ven aquí, Enoc, y escucha mi Palabra».
25. Y tras haberse acercado a mí, uno de los santos me despertó, me hizo levantar y acercarme a la puerta, y yo miré, con la cabeza baja.

Capítulo XV

La oración de los Guardianes es rechazada

1. Él me dirigió la palabra y yo oí su voz: «No temas, Enoc, hombre justo, escriba de justicia; acércate y escucha mi voz.
2. »Ve y di a los Guardianes del cielo que te han enviado a suplicar por ellos: "A vosotros corresponde interceder por los humanos y no a los humanos por vosotros.
3. »¿Por qué habéis abandonado el cielo elevado, santo y eterno, os habéis acostado con mujeres y profanado a vosotros mismos con las hijas de los hombres, habéis tomado esposas como los hijos de la tierra y engendrado hijos gigantes?
4. »Vosotros que fuisteis santos espirituales viviendo una vida eterna os habéis manchado con la sangre de las mujeres, habéis engendrado con la sangre de la carne y como los hijos del hombre habéis deseado después carne y sangre como aquellos que mueren y perecen.
5. »Por eso yo les he dado a ellos mujeres para que las fecunden y engendren hijos por ellas y para que así no falten ellos sobre la tierra.
6. »En cuanto a vosotros, fuisteis primero espirituales, viviendo una vida eterna, inmortal por todas las generaciones del mundo;

7. »por ello no se os han atribuido mujeres, pues la morada de los espíritus del cielo es el cielo.
8. »Y ahora los gigantes que han nacido de los espíritus y de la carne serán llamados en la tierra espíritus malignos y sobre la tierra estará su morada.
9. »Los espíritus malos proceden de sus cuerpos, porque han nacido de humanos, y de los santos Guardianes es su comienzo y origen primordial. Estarán los espíritus malos sobre la tierra y serán llamados espíritus malos.
10. »Los espíritus del cielo tienen su casa en el cielo y los espíritus de la tierra que fueron engendrados sobre la tierra tienen su casa en ella.
11. »Y los espíritus de los gigantes, de los Nefilim, que afligen, oprimen, invaden, combaten y destruyen sobre la tierra y causan penalidades, aunque no comen, tienen hambre y sed y causan daños.
12. »Estos espíritus se levantarán contra los hijos de los hombres y contra las mujeres porque de ellos proceden.

Capítulo XVI
Sentencia final para los Guardianes

1. »Después de la muerte de los gigantes, cuando los espíritus hayan salido de su cuerpo, su carne será destruida antes del juicio. Serán así destruidos hasta el día de la gran consumación, del gran juicio en el cual el tiempo terminará para los Guardianes e impíos y serán totalmente consumados".
2. »Y ahora, a los Guardianes, que te han enviado a suplicar por ellos, que en otra época habitaban en el cielo, diles:

3. »“Vosotros estabais en el cielo pero todos los misterios no se os habían revelado. No habéis conocido sino un misterio indigno y en el endurecimiento de vuestro corazón lo habéis comunicado a las mujeres, y por ese misterio ellas y los hombres han multiplicado el mal sobre la tierra”.
4. »Diles pues: “No hay paz ni perdón para vosotros”».

Capítulo XVII

En la alta montaña

1. Después me llevaron a un sitio cuyos habitantes son como el fuego ardiente, pero que aparecen, cuando quieren, como hombres.
2. Y me condujeron a la residencia de la tempestad, y sobre una montaña cuya más alta cima tocaba el cielo.
3. Y vi las mansiones de las luminarias y del trueno, en los extremos, en el abismo donde están el arco de fuego, las flechas y sus carcajes, la espada de fuego y todos los rayos.
4. Después me llevaron hasta las aguas de vida, y hasta el fuego del poniente; él es el que recogió todas las puestas del sol.
5. Llegué hasta un río de fuego cuyo fuego corre como agua y desemboca en el gran mar que está al lado del poniente.
6. Y vi los grandes ríos y alcancé una gran oscuridad y llegué allí a donde ningún ser de carne ha llegado.
7. Vi las montañas de las tinieblas del invierno, y el lugar en que desembocan las aguas de todo el abismo.
8. Y vi la desembocadura de todos los ríos de la tierra y la desembocadura del abismo.

Capítulo XVIII

Los depósitos de los vientos

1. Vi los tesoros de los vientos y vi que con ellos Él ha adornado toda la creación y los cimientos de la tierra;
2. y vi también la piedra angular de la tierra y los cuatro vientos que sostienen la tierra y el firmamento;
3. vi cómo los vientos extienden el velo del cielo en lo alto y cómo tienen su puesto entre el cielo y la tierra: son las columnas del cielo;
4. vi los vientos que hacen girar y que conducen por las órbitas del sol y de los astros en sus estancias;
5. vi los vientos que sostienen las nubes sobre la tierra; vi los caminos de los ángeles; vi en los confines de la tierra el firmamento en lo más alto.
6. Después fui al sur y vi un sitio que ardía día y noche, en donde se encontraban siete montañas de piedras preciosas, tres en el lado oriental y tres en el lado del mediodía.
7. Así, entre las que estaban en el oriente, una era de piedra multicolor, una de perlas y la otra de piedras medicinales; y las que estaban en el sur eran de piedra roja.
8. La del medio se elevaba hasta el cielo como el trono del Señor, y la parte alta del trono era de zafiro.
9. Y vi un fuego ardiente, y más allá de esas montañas
10. hay una región donde termina la gran tierra, y ahí culminan los cielos.
11. Luego me fue mostrado un profundo abismo entre columnas de fuego celeste, y vi en él columnas de fuego que descendían al fondo, y cuya altura y profundidad eran inconmensurables;
12. y más allá de este abismo vi un sitio sobre el cual no se extendía el firmamento, bajo el cual no había tampoco

cimientos de la tierra, sobre el que no había ni agua ni pájaros, sino que era un lugar desierto y terrible.

13. Allí vi siete estrellas parecidas a grandes montañas, que ardían, y cuando pregunté sobre esto,
14. el ángel me dijo: «Este sitio es el final del cielo y de la tierra; ha llegado a ser la prisión de las estrellas y de los poderes del cielo.
15. »Las estrellas que ruedan sobre el fuego son las que han transgredido el mandamiento del Señor, desde el comienzo de su ascenso, porque no han llegado a su debido tiempo;
16. »y Él se ha irritado contra ellas y las ha encadenado hasta el tiempo de la consumación de su culpa para siempre, en el año del misterio».

Capítulo XIX

Ángeles caídos que hacen errar a los hombres

1. Después Uriel me dijo: «Aquí es donde estarán los ángeles que se han unido a las mujeres. Sus espíritus, tomando numerosas apariencias, han mancillado a los hombres y les hacen errar para que sacrifiquen tanto a los demonios como a los dioses, hasta el día del gran juicio, día en que serán juzgados para ser perdidos.
2. »En cuanto a sus mujeres, que han seducido a los ángeles, serán convertidas en sirenas».
3. Y yo, Enoc, yo solo, he visto la visión, el fin de todo; y ningún hombre verá como yo he visto.

Capítulo XX
Los nombres de los santos ángeles

1. He aquí los nombres de los santos ángeles que vigilan:
2. Uriel, uno de los santos ángeles, el del mundo y el del infierno;
3. Rafael, uno de los santos ángeles, el de las almas de los hombres;
4. Raguel, uno de los santos ángeles, que se venga del mundo de las luminarias;
5. Miguel, uno de los santos ángeles, encargado de los mejores de entre los hombres, (de la guardia) del pueblo;
6. Saraquiel, uno de los santos ángeles, encargado de los espíritus de los hijos de los hombres que pecan contra los espíritus;
7. Gabriel, uno de los santos ángeles, encargado del paraíso, de los dragones y de los querubines;
8. Remeiel, uno de los santos ángeles, al que Dios ha encargado de los resucitados. Hay siete nombres de arcángeles.

Capítulo XXI
Los que transgreden la orden de Dios

1. Después volví hasta donde todo era caótico;
2. y allí vi algo horrible: no vi ni cielo en lo alto ni tierra firme fundamentada, sino un sitio informe y terrible.
3. Vi allí cuatro estrellas del cielo encadenadas que parecían grandes montañas ardiendo como fuego.
4. Entonces pregunté: «¿Por qué pecado están encadenadas y por qué motivo han sido arrojadas allí?».

5. Uriel, el Guardián y el Santo que estaba conmigo y me guiaba, me dijo: «Enoc, ¿por qué preguntas y te inquietas por la verdad?
6. »Estas estrellas de los cielos son las que han transgredido el mandamiento del Señor y han sido encadenadas aquí hasta que pasen diez mil años, el tiempo impuesto según sus pecados».
7. Desde allí pasé a otro lugar más terrible que el anterior y vi algo horrible: había un gran fuego ardiendo y flameando, y el lugar tenía grietas hasta el abismo, llenas de columnas descendentes de fuego, pero no pude ver ni sus dimensiones ni su magnitud, ni podría hacer conjeturas.
8. Entonces dije: «¡Qué espantoso y terrible es mirar este lugar!».
9. Contestándome, Uriel, el Guardián y el Santo que estaba conmigo, me dijo: «Enoc, ¿por qué estás tan atemorizado y asustado?». Le respondí: «Es por este lugar terrible y por el espectáculo del sufrimiento».
10. Y él me dijo: «Este sitio es la prisión de los ángeles y aquí estarán prisioneros hasta la eternidad».

Capítulo XXII

La montaña donde se reunirá a los muertos

1. Desde allí fui a otra parte, a una montaña de roca dura.
2. Había en ella cuatro pozos profundos, anchos y muy lisos. Y dije: «¡Qué lisos son estos pozos, y qué profundos y oscuros se ven!».
3. En ese momento, Rafael, el Guardián y el Santo que estaba conmigo, me respondió diciendo: «Estas cavidades

han sido creadas con el propósito de que los espíritus de las almas de los muertos puedan reunirse y que todas las almas de los hijos de los hombres se reúnan allí. Así pues, ésos son los pozos que les servirán de cárcel.

4. »Están hechos para esa finalidad, hasta el día en que sean juzgados, hasta el momento del gran juicio que se les hará el último día».
5. Vi los espíritus de los hijos de los hombres que estaban muertos; sus voces llegaban hasta el cielo y se quejaban.
6. Entonces pregunté a Rafael, el Guardián y el Santo que estaba conmigo: «¿De quién es este espíritu cuya voz llega así hasta el cielo y se queja?».
7. Me respondió diciendo: «Éste es el espíritu que salió de Abel, a quien su hermano Caín asesinó; él lo acusa hasta que su semilla sea eliminada de la faz de la tierra y desaparezca del linaje de los hombres».
8. Entonces pregunté, observando todos los pozos: «¿Por qué están separados unos de otros?».
9. Me respondió diciendo: «Esos tres han sido hechos para que los espíritus de los muertos puedan estar separados. Así, una división se ha hecho para los espíritus de los justos, en la cual brota una fuente de agua viva.
10. »Y así se ha hecho ésta para los pecadores cuando mueren y son sepultados y no se ha ejecutado juicio contra ellos en vida.
11. »Aquí sus espíritus serán colocados aparte, para esta gran pena, hasta el día del gran juicio, y castigados y atormentados para siempre quienes merecen tal retribución por sus espíritus.
12. »Esta división ha sido separada para quienes presentan su queja y denuncian su destrucción cuando fueron asesinados en los días de los pecadores.

13. »También ha sido hecha ésta para los espíritus de los hombres que no fueron justos sino pecadores, para todos los transgresores y los cómplices de la transgresión, que en el día del juicio serán afligidos fuera de allí, pero no serán resucitados desde allí».
14. Entonces bendije al Señor de Majestad y dije: «Bendito sea el juicio de justicia y bendito sea el Señor de Majestad y Justicia que es el Señor del mundo».

Capítulo XXIII

Fuego que corre hacia el occidente

1. Desde allí fui transportado a otro lugar, al occidente, en las extremidades de la tierra.
2. Me fue mostrado un fuego que corría sin descanso y sin interrumpir su carrera ni de día ni de noche, permaneciendo constante, mientras tanto.
3. Yo pregunté: «¿Qué es esto que no tiene reposo alguno?».
4. Entonces Rafael, uno de los santos ángeles, que estaba conmigo, me respondió diciendo: «Ese fuego cuya carrera hacia el occidente has visto es el fuego que persigue a todas las luminarias del cielo».

Capítulo XXIV

Las siete montañas y el árbol

1. Y me mostró las montañas: el suelo entre ellas era de fuego ardiente y llameaba por las noches.
2. Fui hacia allí y vi siete montañas magníficas, diferentes entre sí, de piedras preciosas y hermosas; todas eran

espléndidas, de apariencia gloriosa y bello aspecto: tres por el oriente, apoyadas una contra la otra, y tres por el sur, una bajo la otra; y vi cañadas profundas y sinuosas, ninguna de las cuales se unía a las demás.

3. La séptima montaña estaba en medio de todas, superándolas en altura a la manera de un trono, rodeada por árboles aromáticos,
4. entre los cuales había un árbol cuyo perfume yo no había olido nunca y no había perfume similar entre éstos ni entre los demás árboles: exhalaba una fragancia superior a cualquiera y sus hojas, flores y madera no se secaban nunca, su fruto era hermoso y se parecía a los dátiles de las palmas.
5. Entonces dije: «¡Qué árbol tan hermoso! Es bello a la vista, su follaje gracioso y su fruto tienen un aspecto muy agradable».
6. Y Miguel, el Guardián y Santo que estaba conmigo y que se encargaba de esos árboles, me respondió.

Capítulo XXV

El árbol no tocado

1. Y me dijo: «Enoc, ¿para qué me preguntas por el perfume de ese árbol y para qué quieres saber la verdad?».
2. Entonces, yo, Enoc, le respondí así: «Deseo aprender de todo, pero especialmente acerca de este árbol».
3. Y él me contestó diciendo: «Esta montaña alta que has visto y cuya cima es como el trono de Dios es su trono, donde se sentará el Gran Santo, el Señor de Gloria, el Rey Eterno, cuando descienda a visitar la tierra para el bien.

4. »No se permite que ningún ser de carne toque este árbol aromático, hasta el gran juicio cuando Él se vengará de todo y llevará todas las cosas a su consumación para siempre, pero entonces será dado a los justos y a los humildes.
5. »Su fruto servirá como alimento a los elegidos y será trasplantado al lugar santo, al templo del Señor, el Rey Eterno.
6. »Entonces ellos se regocijarán y estarán alegres; entrarán en el lugar santo y la fragancia penetrará sus huesos; y ellos vivirán una larga vida, tal y como la que sus antepasados vivieron. En sus días no tendrán ningún sufrimiento, plaga, tormento o calamidad».
7. Entonces bendije al Dios de la Gloria, al Rey Eterno, porque había preparado tales cosas para los humanos, para los justos. Él ha creado estas cosas y ha prometido dárselas.

Capítulo XXVI

Otras montañas y valles profundos

1. Fui trasladado desde allí hasta el centro de la tierra y vi un lugar bendito en el cual había árboles cuyas ramas brotaban permanentemente.
2. Allí me fue mostrada una montaña santa, debajo de la cual salía agua desde el oriente y descendía hacia el sur.
3. Y vi al oriente otra montaña más alta que aquélla, y entre ellas un cañón profundo y angosto por el que corría el agua que salía de la montaña.
4. Y al occidente otra montaña, más baja que la anterior, poco elevada, y por debajo, entre las dos, una hondonada profunda y seca, y otra hondonada entre las tres montañas.
5. Todas tenían barrancos profundos de roca dura y no había árboles plantados en ellos.

6. Yo me maravillaba de las montañas y me asombraba de los barrancos. Admiré la montaña, admiré la garganta y me asombré mucho.

Capítulo XXVII
URIEL EXPLICA EL VALLE MALDITO

1. Entonces pregunté: «¿Por qué esta tierra está bendita y llena de árboles y en medio se hallan estos barrancos malditos?».
2. Entonces Uriel, el Guardián y el Santo que estaba conmigo, me respondió diciendo: «Este barranco es para aquellos que están malditos para siempre; ahí serán reunidos todos los malditos que con su boca pronuncian palabras indecorosas contra el Señor y ofenden su Gloria, ahí serán reunidos y ahí estará el lugar de su juicio.
3. »En los últimos tiempos se ejecutará sobre ellos en justicia el espectáculo del juicio, en presencia de los justos para siempre; ahí se manifestará la misericordia y la bendición del Señor de Gloria y el Rey Eterno.
4. »El día del juicio, los justos le bendecirán por la misericordia que les ha reservado».
5. Entonces yo bendije al Señor de Gloria, promulgué su Gloria y alabé su grandeza.

Capítulo XXVIII
EL DESIERTO, LOS ÁRBOLES Y EL RÍO

1. Desde allí fui hacia el oriente, en medio de la cadena de montañas de desierto, y vi un desierto que estaba solitario, lleno de árboles.

2. Y de esas semillas, salía agua de lo alto sobre ese desierto.
3. Parecía como un río abundante que manaba hacia el noroeste; y por todas partes ascendía el agua y el rocío. Fui desde allí hacia el oriente, en medio de la cordillera del desierto, y vi el desierto: estaba solitario y lleno de árboles y plantas.

Capítulo XXIX
Los árboles del juicio

1. De allí fui a otro punto del desierto y me acerqué al este de esa montaña.
2. Y allí vi los árboles del juicio, que exhalaban un olor suave de incienso y de mirra; sus frutos se parecían a las nueces.

Capítulo XXX
Otros árboles olorosos

1. Y más allá de ellos, me alejé hacia el oriente y vi otro gran lugar, con valles de muchas aguas,
2. en el que había cañas dulces aromáticas semejantes al lentisco;
3. y en las orillas de estos valles vi el fragante árbol de la canela. Y más allá de estos valles me alejé hacia el oriente.

Capítulo XXXI

MÁS ÁRBOLES

1. Me fueron mostradas otras montañas y también en ellas vi árboles de los cuales salía la resina llamada sarara y gálbano.
2. Detrás de esas montañas, vi otra sobre la que había aloes, y esos árboles estaban cargados de un fruto parecido a las almendras y duro.
3. Y cuando se casca ese fruto, sale de él un olor perfumado y cuando se muelen las cortezas, son superiores a cualquier perfume.

Capítulo XXXII

EL ÁRBOL DE LA SABIDURÍA

1. Más allá de tales montañas, hacia el noreste de ellas, me fueron mostradas otras montañas, llenas de nardo escogido, lentisco, cardamomo y pimienta.
2. Desde allí continué hacia el oriente de todas estas montañas, lejos de ellas, al oriente de la tierra, fui llevado por encima del mar Rojo y me alejé mucho de él, pasé sobre la oscuridad, lejos de ella;
3. fui llevado al lado del Paraíso de Justicia, y me fueron mostrados desde lejos árboles en él, árboles muy numerosos y grandes, diferentes unos de otros. Vi allí un árbol que era distinto de todos los demás, muy grande, bello y magnífico, el árbol de la sabiduría: los que comen de su fruto aprenden gran sabiduría.
4. El árbol era tan alto como un abeto, sus hojas se parecían a las del algarrobo y su fruto era como un racimo de uvas, muy bonito; y la fragancia de ese árbol penetraba hasta muy lejos.

5. Y yo dije: «¡Qué hermoso es este árbol y cómo atrae mirarlo!».
6. Rafael, el Guardián y el Santo que estaba conmigo, me contestó y dijo: «Es el árbol de la sabiduría, del cual comieron tu primer padre y tu primera madre y aprendieron la sabiduría, y sus ojos se abrieron y comprendieron que estaban desnudos y fueron expulsados del jardín del Edén».

Capítulo XXXIII

Los confines de la tierra y las puertas por las que nacen los astros

1. Desde allí fui hasta los confines de la tierra y vi grandes bestias diferentes unas de otras, y también pájaros que diferían en su aspecto, hermosura y trinos.
2. Al oriente de esos animales vi el final de la tierra, donde el cielo descansa, y donde se abren los portales del cielo.
3. Vi cómo nacen las estrellas de los cielos y los portales de los que proceden, y anoté las salidas de cada una de las estrellas, según su número, nombre, curso y posición, y según su tiempo y meses, a medida que me las mostraba Uriel, uno de los Guardianes.
4. Y me mostró y escribió para mí todo, incluso escribió para mí sus nombres de acuerdo con sus tiempos.

Capítulo XXXIV

Las puertas del norte

1. Desde allí fui hacia el norte, en los confines de la tierra, y allí vi una gran y magnífica disposición en los confines de toda la tierra.
2. Allí vi tres puertas del cielo abiertas en el cielo; de cada una de ellas salen los vientos del norte; cuando soplan, hace frío, graniza, escarcha, nieva, cae rocío y lluvia.
3. Por una puerta, soplan para el bien; pero, cuando soplan por las otras dos puertas, es con violencia y desolación para la tierra, y soplan con fuerza.

Capítulo XXXV

Las puertas del oeste

1. Desde allí fui hasta la extremidad occidental de la tierra y vi las tres puertas del cielo abiertas, como había visto en el este: tantas puertas y tantas salidas...

Capítulo XXXVI

Las puertas del sur

1. Desde allí fui transportado a la extremidad sur de la tierra y allí me fueron mostradas sus tres puertas abiertas del viento sur: para el rocío, la lluvia y el viento.
2. Y desde allí fui transportado al límite oriental del cielo y vi las tres puertas orientales abiertas, y encima de ellas unas puertas pequeñas.

3. Por cada una de estas puertas pequeñas pasan las estrellas del cielo y corren por el curso trazado para ellas hacia el occidente.
4. Al ver esto bendije todo el tiempo al Señor de Gloria, y continuaré bendiciendo al Señor de Gloria, que ha realizado grandes y magníficos prodigios para mostrar la grandeza de su obra a los ángeles, a los espíritus y a los humanos, para que ellos puedan alabar esa obra, toda su creación, para que puedan ver la manifestación de su poder, alaben la grandiosa obra de sus manos y le bendigan durante toda la eternidad.

Libro de las Parábolas

Capítulo XXXVII

Sabiduría que será dada a los hombres

1. Segunda visión de sabiduría que tuvo Enoc, hijo de Jared, hijo de Malaleel, hijo de Kainan, hijo de Enós, hijo de Seth, hijo de Adán.
2. Éste es el comienzo de las palabras sabias que hice salir con mi voz, para hablarles y decirles a los habitantes de la tierra: «Escuchad, hombres de épocas pasadas y del porvenir, las palabras del santo que habla en presencia del Señor de los espíritus».
3. Fue excelente declararlas a los hombres de antaño pero igualmente a los del porvenir, no vamos a negarles el principio de sabiduría.
4. Hasta ahora tal sabiduría no ha sido dada por el Señor de los espíritus, pero yo la he recibido de acuerdo con mi discernimiento y con el buen parecer del Señor de los espíritus, gracias a quien me ha sido dada mi parte en la vida eterna.
5. Tres parábolas me fueron comunicadas ya y yo he elevado mi voz para relatarlas a quienes habitan sobre la tierra.

Primera parábola

Capítulo XXXVIII

La asamblea de los justos

1. Cuando aparezca la asamblea de los justos y los pecadores sean juzgados por sus pecados y expulsados de la superficie de la tierra;
2. y cuando el Justo se manifieste a los ojos de los justos, de los elegidos cuyas obras dependen del Señor de los espíritus; cuando la luz brille para los justos y para los elegidos que habitan sobre la tierra: ¿dónde estará entonces la morada de los pecadores? ¿Dónde estará el lugar de descanso de quienes han renegado del Señor de los espíritus? Habría sido mejor para ellos no haber nacido.
3. Cuando los misterios de los justos sean manifiestos y los pecadores juzgados y expulsados de la presencia de los justos y los elegidos,
4. desde ese momento los que dominan la tierra no serán poderosos ni elegidos durante más tiempo, ni podrán mirar a la cara de los santos, porque será la luz del Señor de los espíritus la que brillará sobre el rostro de los santos, de los justos, de los elegidos.
5. Entonces, los reyes y los poderosos perecerán y serán entregados a las manos de los justos y de los santos.
6. Y de ahí en adelante nadie buscará para ellos la misericordia del Señor de los espíritus porque su vida encontró su final.

Capítulo XXXIX
El Elegido de Justicia

1. Y ocurrirá en esos días que los hijos de los elegidos y santos descenderán de lo alto del cielo y su linaje llegará a ser uno con el de los hijos de los hombres.
2. Enoc recibió los libros de los celos y la ira, y los libros de la angustia y el destierro: «Nunca más obtendrán misericordia», dijo el Señor de los espíritus.
3. Y las nubes me cubrieron, y el viento me levantó de la superficie de la tierra y me dejó en el límite de los cielos.
4. Allí tuve otra visión: vi el lugar donde habitan los santos y el lugar de descanso de los justos.
5. Ahí contemplé con mis ojos las moradas en medio de los ángeles de justicia y sus lugares de descanso entre los santos. Mientras suplican y oran por los hijos de los hombres, la justicia brota entre ellos como el agua y la misericordia se esparce sobre ellos como el rocío sobre la tierra, por los siglos de los siglos.
6. En ese lugar con mis ojos vi al Elegido de Justicia y de Fe; la justicia prevalecerá en sus días, y los justos y los elegidos serán innumerables ante él por los siglos de los siglos.
7. Vi su morada bajo las alas del Señor de los espíritus; todos los justos y los elegidos brillarán frente a él como el resplandor del fuego; su boca estará llena de bendición, sus labios glorificarán el nombre del Señor de los espíritus, y la justicia y la verdad no fallarán ante él.
8. Yo deseaba vivir allí y mi espíritu anhelaba esa morada: ésa era desde antes mi herencia, tal y como había sido establecida para mí ante el Señor de los espíritus.
9. En esos días alabé y ensalcé el nombre del Señor de los espíritus con bendiciones y alabanzas porque Él me ha

destinado para la bendición y la gloria de acuerdo con el buen parecer del Señor de los espíritus.

10. Durante mucho tiempo mis ojos observaron ese lugar, y lo bendije a Él y lo alabé diciendo: «Bendito es Él y bendito sea desde el principio y para siempre».
11. Ante Él no hay renuncia; Él sabe desde antes de que el mundo fuera creado qué es para siempre y qué será de generación en generación.
12. Aquellos que no duermen te bendicen; ellos están ante tu Gloria y bendicen, alaban y ensalzan diciendo: «Santo, Santo, Santo es el Señor de los espíritus, Él llena la tierra con espíritus».
13. Y allí mis ojos vieron a todos los que no duermen mantenerse ante Él, bendecirle y decir: «Bendito seas; y bendito sea el nombre del Señor por los siglos de los siglos».
14. Y mi cara se transformó, de manera que no podía mirar más.

Capítulo XL

Los que no duermen

1. Después de eso vi miles y miles y miríadas y miríadas, vi una multitud innumerable e incalculable, que se mantenía ante el Señor de los espíritus.
2. Y sobre los cuatro costados del Señor de los espíritus vi cuatro presencias diferentes de aquellos que no duermen y aprendí sus nombres porque el ángel que va conmigo me los dio a conocer y me mostró todas las cosas ocultas.
3. Y escuché las voces de esas cuatro presencias y cómo ellas pronuncian alabanzas ante el Señor de la Gloria.
4. La primera voz bendice al Señor de los espíritus por los siglos de los siglos.

5. A la segunda voz la escuché bendiciendo al Elegido y a los elegidos que dependen del Señor de los espíritus.
6. A la tercera voz la oí orar e interceder por los que viven sobre la tierra y suplicar en nombre del Señor de los espíritus.
7. Y escuché la cuarta voz expulsando a los Satanes e impidiendo que lleguen hasta el Señor de los espíritus a acusar a quienes viven en la tierra.
8. Después de eso pregunté al ángel de paz que iba conmigo y me mostraba todas las cosas que están ocultas: «¿Quiénes son esas cuatro presencias que he visto y cuyas palabras he oído y escrito?».
9. Me dijo: «El primero, el misericordioso y muy paciente, es Miguel; el segundo, que está encargado de las enfermedades y de todas las heridas de los hijos de los hombres, es Rafael; el tercero, que está encargado de todos los poderes, es Gabriel; el cuarto, que está encargado de la esperanza de quienes heredarán la vida eterna, es llamado Uriel».
10. Éstos son los cuatro ángeles del Señor de los espíritus y las cuatro voces que he oído esos días.

Capítulo XLI

Todos los secretos de los cielos

1. Después vi todos los secretos de los cielos, y cómo será repartido el reino, y cómo las acciones de los hombres serán pesadas en la balanza.
2. Allí, vi la residencia de los elegidos y la residencia de los santos, y mis ojos vieron allí a todos los pecadores, que reniegan del nombre del Señor de los espíritus, expulsados de este lugar; llevados cautivos y sin poder subsistir más a causa del castigo que viene del Señor de los espíritus.

3. Y allí mis ojos vieron los secretos del rayo y del trueno, los secretos de los vientos —cómo están distribuidos para soplar sobre la tierra—, y los secretos de las nubes y del rocío; y allí vi de dónde salen, en ese mismo lugar, y de dónde se satura de humedad el polvo de la tierra.
4. Allí vi los depósitos cerrados desde donde son distribuidos los vientos, el depósito del granizo y del viento, el depósito de la niebla y de las nubes, y su nube que planea sobre la tierra desde el principio del mundo.
5. Y vi los depósitos del sol y de la luna, de dónde salen estos astros, y a dónde vuelven —y su vuelta es gloriosa—; y cómo uno es más bello que el otro y (cómo) su carrera es magnífica; y vi cómo no se apartan de su ruta, y no añaden ni restan nada a su recorrido, sino que permanecen fieles el uno al otro, en el juramento que se han hecho.
6. El sol sale primero y sigue su ruta según el mandamiento del Señor de los espíritus, cuyo nombre es poderoso por los siglos de los siglos.
7. Y después de eso vi el camino oculto de la luna y también el visible, y cómo ella cumple el recorrido de su camino en ese lugar de día y de noche; y uno mantiene una posición opuesta al otro, ante el Señor de los espíritus. Ellos dan gracias y alaban sin descanso, porque para ellos dar gracias es descansar.
8. El sol gira frecuentemente para bendecir o para maldecir, y el recorrido de la ruta de la luna es bendición para los justos y tinieblas para los pecadores, en el nombre del Señor, que ha separado la luz de las tinieblas, ha repartido los espíritus de los humanos y ha fortalecido los espíritus de los justos en nombre de su justicia.

9. Porque ningún ángel los para; y ningún poder puede retenerlos, porque el juez los ve a todos, y los juzga a todos ante el que es Dios.

Capítulo XLII
La sabiduría no tiene lugar

1. La sabiduría no ha encontrado un lugar donde pueda habitar entre los hombres; por ello, su casa está en los cielos.
2. La sabiduría fue a habitar entre los hijos de los hombres y no encontró sitio. Por ello, la sabiduría regresó a su hogar y tomó su silla entre los ángeles.
3. Y la injusticia ha salido de sus cuevas, ha encontrado a los que no buscaba y ha habitado entre ellos, como la lluvia en el desierto y como el rocío sobre la tierra sedienta.

Capítulo XLIII
Balanza de luz

1. Después vi otros relámpagos y estrellas del cielo, y cómo Él las llamaba por sus nombres y ellas le prestaban atención.
2. Y vi cómo ellas eran pesadas en balanzas justas, de acuerdo con su luminosidad, sus dimensiones y el día de su aparición, y cómo su movimiento genera relámpagos; y vi su curso de acuerdo con el número de los ángeles y cómo se guardan fidelidad entre ellas.
3. Le pregunté al ángel que iba conmigo y me mostró lo que estaba oculto: «¿Qué es eso?».
4. Me dijo: «El Señor de los espíritus te ha mostrado su parábola; éstos son los nombres de los santos que viven sobre

la tierra y creen en el Señor de los espíritus por los siglos de los siglos».

Capítulo XLIV
Sobre las estrellas y los rayos

1. Vi también otros fenómenos relativos a los relámpagos: cómo algunas estrellas surgen, llegan a ser relámpagos y no pueden abandonar su nueva forma.

Segunda parábola

Capítulo XLV
El día de los elegidos

1. Ésta es la segunda parábola, acerca de quienes rechazan la comunidad de los santos y al Señor de los espíritus.
2. Ellos no subirán al interior del cielo ni volverán a la tierra; tal será la suerte de los pecadores que han renegado del nombre del Señor de los espíritus a quienes tú has reservado para el día del sufrimiento y la tribulación.
3. En este día mi Elegido se sentará sobre el trono de gloria y juzgará sus obras; sus sitios de descanso serán innumerables y dentro de ellos sus espíritus se fortalecerán cuando vean a mi Elegido y a aquellos que han apelado a mi nombre glorioso.
4. Entonces, haré que mi Elegido habite entre ellos; transformaré el cielo y lo convertiré en bendición y luz eternas;

5. transformaré la tierra y haré que mis elegidos la habiten, pero los pecadores y los malvados no pondrán los pies allí.
6. Porque he abastecido y satisfecho con paz a mis justos y los he hecho vivir ante mí; pero el juicio de los pecadores es inminente, de manera que los destruiré sobre la faz de la tierra.

Capítulo XLVI
La Cabeza de los Días y el otro

1. Allí vi a alguien que tenía una Cabeza de los Días y su cabeza era blanca como lana; con Él había otro, cuya figura tenía la apariencia de un hombre y su cara era llena de gracia como la de los santos ángeles.
2. Le pregunté al ángel que iba conmigo y que me mostraba todas las cosas secretas con respecto a este Hijo del Hombre: «¿Quién es éste, de dónde viene y por qué va con la Cabeza de los Días?».
3. Me respondió diciendo: «Éste es el Hijo del Hombre, que posee la justicia y con quien vive la justicia, y que revelará todos los tesoros ocultos, porque el Señor de los espíritus lo ha escogido y tiene como destino la mayor dignidad ante el Señor de los espíritus, justamente y por siempre.
4. »El Hijo del Hombre que has visto levantará a los reyes y a los poderosos de sus lechos y a los fuertes de sus tronos; desatará los frenos de los fuertes y les partirá los dientes a los pecadores;
5. »derrocará a los reyes de sus tronos y reinos, porque ellos no le han ensalzado y alabado ni reconocieron humildemente de dónde les fue otorgada la realeza.

6. »Le cambiará la cara a los fuertes llenándolos de temor; las tinieblas serán su morada y los gusanos su cama, y no tendrán esperanza de levantarse de esa cama, porque no exaltaron el nombre del Señor de los espíritus.
7. »Éstos que juzgan a las estrellas del cielo, que levantan sus manos contra el Altísimo, que oprimen la tierra y habitan sobre ella, cuyas acciones expresan todas injusticia, cuyo poder reside en su riqueza, cuya confianza está puesta en los dioses que ellos han hecho con sus manos: ellos niegan el nombre del Señor de los espíritus;
8. »ellos persiguen sus congregaciones y a los fieles, a quienes condenan en nombre del Señor de los espíritus».

Capítulo XLVII

La oración de los justos es acogida

1. En esos días la oración de los justos y la sangre de los justos habrá subido desde la tierra, hasta el Señor de los espíritus.
2. En tales días los santos que habitan en lo alto de los cielos se unirán en una sola voz: suplicarán, orarán, alabarán, darán gracias y bendecirán el nombre del Señor de los espíritus, en nombre de la sangre de los justos que ha sido derramada y para que la oración de los justos no sea en vano ante el Señor de los espíritus, se haga justicia y su espera no sea eterna.
3. En esos tiempos vi la Cabeza de los Días cuando se sentó en el trono de su gloria y los libros de los vivos fueron abiertos ante Él. Todas sus huestes que habitan en lo alto del cielo y su corte estaban ante Él.

4. Y el corazón de los santos se llenó de alegría, porque el número de los justos había sido establecido, la oración de los justos había sido escuchada y la sangre de los justos vengada ante el Señor de los espíritus.

Capítulo XLVIII

La sabiduría del Señor de los espíritus y su Mesías

1. En este lugar vi el manantial de justicia, que es inagotable; a su alrededor había muchas fuentes de sabiduría, y todos los sedientos bebían y se llenaban de sabiduría, y tenían sus habitaciones con los justos, los santos y los elegidos.
2. Y en este momento, este Hijo del Hombre fue nombrado cerca del Señor de los espíritus, y su nombre fue nombrado ante la Cabeza de los Días.
3. Y antes que el sol y las señales fuesen creados, antes que se hiciesen las estrellas del cielo, su nombre fue nombrado ante el Señor de los espíritus.
4. Será él un bastón para los justos, a fin de que puedan apoyarse sobre él y no caigan; será la luz de los pueblos y la esperanza de aquellos que sufren en su corazón.
5. Todos aquellos que habitan sobre la tierra se prosternarán y lo adorarán; bendecirán, glorificarán y cantarán al Señor de los espíritus.
6. Y por aquello él ha sido elegido y guardado ante Él antes de la creación del mundo, y por toda la eternidad.
7. La sabiduría del Señor de los espíritus lo ha revelado a los santos y a los justos, porque Él ha conservado la parte de los justos, porque ellos han odiado y despreciado este

mundo de injusticia y han odiado toda la obra y los caminos en nombre del Señor de los espíritus, porque ellos serán salvados por su nombre, y Él es el vengador de su vida.

8. En estos días los reyes de la tierra y los poderosos que poseen la tierra tendrán la faz abatida a causa de la obra de sus manos, porque en el día de su angustia y de su aflicción, no se salvarán.
9. Los entregaré en las manos de mis elegidos; como la paja en el fuego arderán frente a la cara de los santos y como el plomo en el agua serán sumergidos frente a la cara de los justos; así serán sumergidos frente a la faz de los justos y no se encontrará más rastro de ellos.
10. En el día de su aflicción habrá descanso en la tierra; ante ellos caerán y no se levantarán jamás y nadie estará para levantarlos, porque han renegado del Señor de los espíritus y su Ungido. ¡Qué sea bendito el nombre del Señor de los espíritus!

Capítulo XLIX

El poderoso en los secretos de justicia

1. Porque ante Él, la sabiduría está brotando como agua y la gloria no decae por los siglos de los siglos.
2. Como tiene poder sobre todos los secretos de justicia, la injusticia desaparecerá como la sombra y no tendrá refugio, porque el Elegido está de pie ante el Señor de los espíritus y su gloria permanece por los siglos de los siglos, y su poder por todas las generaciones.
3. En él habita el espíritu de la sabiduría, el espíritu que ilumina y da discernimiento, el espíritu de entendimiento y de poder, el espíritu de quienes han dormido en justicia.

4. Él es quien juzga las cosas secretas y nadie puede pronunciar palabras vanas frente a él, porque es el Elegido ante el Señor de los espíritus, según su voluntad.

Capítulo L
La victoria de los elegidos

1. En esos días tendrá lugar un cambio para los santos y elegidos: la Luz de los Días residirá sobre ellos, y la gloria y el honor virarán hacia los santos.
2. En el día de la aflicción, cuando la desgracia se acumule sobre los pecadores, los justos triunfarán por el nombre del Señor de los espíritus y hará que otros testifiquen que pueden arrepentirse y renunciar a la obra de sus manos.
3. Ellos no tendrán ningún mérito en nombre del Señor de los espíritus; sin embargo, serán salvados por su nombre y el Señor de los espíritus tendrá compasión de ellos porque su misericordia es grande.
4. Además Él es justo en su juicio, y en presencia de su gloria, la injusticia no podrá mantenerse; en su juicio el que no se arrepienta perecerá ante Él.
5. «Y desde ese momento no tendré más misericordia con ellos», dijo el Señor de los espíritus.

Capítulo LI
Los muertos volverán a la vida

1. En esos días la tierra devolverá lo que ha sido depositado en ella; el Seol también devolverá lo que ha recibido y los infiernos, lo que deben.

2. Por los mismos días el Elegido se levantará,
3. y de entre ellos seleccionará a los justos y a los santos, porque se acerca el día en que serán salvados.
4. El Elegido se sentará en mi trono en esos días y de su boca fluirán todos los misterios de la sabiduría y consejo, porque el Señor de los espíritus se lo ha concedido y lo ha glorificado.
5. En esos días las montañas se moverán como arietes y las colinas saltarán como corderos que han tomado leche hasta quedar satisfechos; los rostros de los ángeles del cielo brillarán alegremente;
6. la tierra se regocijará, los justos la habitarán y los elegidos se pasearán por ella.

Capítulo LII

Las montañas que servirán al Mesías

1. Tras estos días, en el lugar en donde había visto todas las visiones de lo que está oculto —ya que había sido llevado por un torbellino de viento, y conducido hacia el oeste—,
2. allí mismo mis ojos vieron todos los secretos de los cielos que deben llegar, una montaña de hierro, una de cobre, una de plata, una de oro, una de estaño y una de plomo.
3. Interrogué al ángel que estaba conmigo, diciendo: «¿Qué es eso que he visto en el secreto?».
4. Él me contestó: «Todo lo que has visto servirá al poder de su Mesías para que sea fuerte y poderoso sobre la tierra».
5. Después este ángel de paz, tomando la palabra, me dijo: «Espera un poco, y te serán revelados todos los misterios que rodean al Señor de los espíritus.

6. »Esas montañas que tus ojos han visto, la montaña de hierro, la de cobre, la de plata, la de oro, la de estaño y la de plomo, serán ante el Elegido como cera ante el fuego y como el agua que cae de lo alto sobre esas montañas, y se ablandarán a sus pies.
7. »Y en esos días nadie se salvará ni por el oro ni por la plata, y no se podrá huir.
8. »Y no habrá ni hierro para la guerra ni malla para la coraza del pecho; el bronce será inútil, el estaño no servirá para nada y no será estimado, y el plomo no será buscado.
9. »Todas estas cosas serán destruidas y aniquiladas sobre la superficie de la tierra, cuando aparezca el Elegido, ante la faz del Señor de los espíritus».

Capítulo LIII

Instrumentos para los reyes y los poderosos de la tierra

1. Mis ojos vieron allí un profundo valle con amplias entradas, y todos los que viven en los continentes, el mar y las islas le llevaban regalos, presentes y símbolos de honor, sin que ese profundo valle llegara a llenarse.
2. Sus manos perpetraron crímenes y los pecadores devoraban todo lo que producían con fatiga aquellos a quienes criminalmente oprimían; así, los pecadores serán destruidos ante el rostro del Señor de los espíritus, serán desterrados de la faz de la tierra y perecerán para siempre.
3. Porque vi a todos los ángeles del castigo establecerse allí y preparar todos los instrumentos de Satanás.
4. Y le pregunté al ángel de paz que iba conmigo: «¿Para qué preparan esos instrumentos?».

5. Me dijo: «Preparan eso para que los reyes y los poderosos de la tierra puedan ser destruidos.
6. »Después de esto el Justo, el Elegido, hará aparecer la casa de su congregación y, desde entonces, ellos no serán molestados más en nombre del Señor de los espíritus.
7. »En presencia de su justicia, estas montañas no estarán más en la tierra, las colinas se convertirán en fuentes de agua y los justos descansarán de la opresión de los pecadores».

Capítulo LIV
Cadenas de tortura

1. Volví la mirada hacia otra parte de la tierra y vi un valle profundo con fuego ardiente.
2. Allí llevaron a los reyes y a los poderosos y comenzaron a arrojarlos en este valle profundo.
3. Allí mis ojos vieron cómo fabricaban sus instrumentos: cadenas de un peso inconmensurable.
4. Le pregunté al ángel de paz que iba conmigo, diciendo: «¿Para qué se están preparando esas cadenas?».
5. Y me dijo: «Se están preparando para las tropas de Azazel, para que puedan agarrarlos y lanzarlos al abismo de total condenación y cubrir sus quijadas con piedras ásperas tal como mandó el Señor de los espíritus.
6. »Miguel, Gabriel, Rafael y Uriel, en ese gran día, los tomarán y los arrojarán en el horno ardiente, para que el Señor de los espíritus pueda vengarse de ellos por convertirse en súbditos de Satanás y descarriar a aquellos que habitan sobre la tierra».

7. Como en los tiempos en que vino el castigo del Señor de los espíritus, Él abrió los depósitos de agua que están sobre los cielos y las fuentes subterráneas.
8. Y todas esas aguas se juntaron, aguas con aguas: las que están sobre los cielos son masculinas y las que están bajo la tierra son femeninas.
9. Y fueron exterminados los que habitaban sobre la tierra y bajo los límites del cielo,
10. para que reconocieran la injusticia que perpetraron sobre la tierra, y por ella perecieron.

Capítulo LV

Juramento para el día de la tribulación

1. Tras ello, la Cabeza de los Días se arrepintió y dijo: «En vano he destruido a todos los que habitan sobre la tierra».
2. Y juró por su gran nombre: «De ahora en adelante no actuaré más así con los habitantes de la tierra; colocaré un símbolo en los cielos como prenda de la fidelidad mía para con ellos durante el tiempo que los cielos estén sobre la tierra».
3. Y el Señor de los espíritus dijo: «He aquí lo que sucederá según mi orden: cuando desee atraparlos por manos de los ángeles en el día de la tribulación y el sufrimiento a causa de esto, desataré mi castigo y mi ira sobre ellos.
4. »Reyes y poderosos que habitáis sobre la tierra, veréis a mi Elegido sentarse sobre el trono de gloria y juzgar a Azazel, sus cómplices y sus tropas, en el nombre del Señor de los espíritus».

Capítulo LVI

El rey del norte contra Sión

1. Vi las huestes de los ángeles de castigo que iban sosteniendo látigos y cadenas de hierro y bronce.
2. Pregunté al ángel de paz que iba conmigo, diciendo: «¿A dónde van aquellos que llevan látigos?».
3. Me dijo: «Hacia sus queridos elegidos, para que sean arrojados a lo profundo del abismo del valle;
4. »entonces este valle será llenado con sus elegidos queridos, los días de su vida llegarán a su fin y a partir de ahí, el tiempo de su vida será consumado, y el tiempo de su extravío no contará más.
5. »En esos días los ángeles regresarán y se lanzarán hacia el oriente, donde los partos y los medas sacudirán a los reyes, tanto que un espíritu de desasosiego los invadirá, y los derrocarán de sus tronos, de manera que huirán como leones de sus guaridas y como lobos hambrientos entre su manada.
6. »Ellos irán y pisarán la tierra de sus elegidos, y la tierra de sus elegidos será ante ellos un camino trillado.
7. »Pero la ciudad de mis justos será un obstáculo para sus caballos: comenzarán a combatir contra ellos y su mano derecha desplegará su fuerza contra ellos. Un hombre no conocerá a su hermano, ni un hijo a su padre ni a su madre, hasta que el número de cadáveres complete su matanza y su castigo no será en vano.
8. »En ese tiempo el Seol abrirá sus mandíbulas, serán engullidos por él y su destrucción culminará: la muerte devorará a los pecadores en presencia de los elegidos».

Capítulo LVII

Caen las columnas de la tierra

1. Sucedió después de eso que vi un ejército de carros conducidos por hombres, que iban sobre los vientos desde el oriente y desde el occidente hacia el sur.
2. Se escuchaba el ruido de los carros y cuando ocurrió tal alboroto los santos notaron que las columnas de la tierra se movieron de su sitio y el sonido que se produjo se oyó de un extremo al otro del cielo durante un día.
3. Y ellos se prosternaron y adoraron al Señor de los espíritus. Éste es el fin de la segunda parábola.

Tercera parábola

Capítulo LVIII

La luz invaluable será afirmada

1. Comencé a recitar la tercera parábola acerca de los justos y de los elegidos.
2. ¡Felices vosotros, justos y elegidos, pues vuestra suerte será gloriosa!
3. Los justos estarán a la luz del sol y los elegidos en la luz de la vida eterna; los días de su vida no tendrán fin y los días de los santos serán innumerables.
4. Buscarán la luz y encontrarán justicia con el Señor de los espíritus: habrá paz para los justos en nombre del Señor eterno.

5. Después de esto serán enviados los santos del cielo a buscar los misterios de la justicia, patrimonio de la fe, pues brilla como el sol sobre la tierra y las tinieblas desaparecerán.
6. Habrá una luz infinita, aunque determinados días ellos no vendrán, porque antes habrán sido destruidas las tinieblas, la luz habrá sido afirmada ante el Señor de los espíritus y la luz de la verdad habrá sido establecida para siempre ante Él.

Capítulo LIX

Los secretos de los rayos, las luces y los truenos

1. En aquel tiempo, mis ojos vieron los misterios de los relámpagos, de las luces y de su juicio: ellos resplandecen para bendecir o para maldecir, según sea el deseo del Señor de los espíritus.
2. Allí vi los misterios del trueno y cómo cuando resuena arriba en el cielo, su voz es escuchada y me hace ver el juicio ejecutado sobre la tierra, ya sea para bienestar y bendición, o para maldición, según la voluntad del Señor de los espíritus.
3. Y después de esto todos los misterios de las luces y de los relámpagos me fueron mostrados: ellos brillan para bendecir y para satisfacer.

Capítulo LX

El día del juicio. Behemot y Leviatán

1. En el decimocuarto día, del séptimo mes, del año quinientos de la vida de Noé, vi que un poderoso temblor sacudió el cielo de los cielos y las huestes del Altísimo; multitudes de ángeles, miles y miles, se veían angustiados por una gran agitación.
2. La Cabeza de los Días estaba sentado sobre el trono de su gloria, y los ángeles y los justos permanecían a su alrededor.
3. Se apoderó de mí un gran temblor y me sobrecogió el temor: mis entrañas se abrieron, mis riñones se derritieron y caí sobre mi rostro.
4. Entonces Miguel, otro de los ángeles santos, fue enviado para levantarme. Cuando me levantó, mi espíritu retornó, pero yo no era capaz de soportar la visión de estas huestes, de su agitación y de las sacudidas del cielo.
5. Y Miguel me dijo: «¿Por qué te asusta la visión de estas cosas? Hasta ahora ha sido el tiempo de su misericordia, y Él ha sido misericordioso y lento en la ira hacia aquellos que viven sobre la tierra.
6. »Pero cuando venga el día del poder, del castigo, del juicio que el Señor de los espíritus ha preparado para aquellos que no se inclinan ante la ley de la justicia, para los que rechazan el juicio de la justicia y para aquellos que toman su nombre en vano, ese día está preparado para los elegidos un pacto, pero para los pecadores castigo.
7. »Ese día se harán salir separados dos monstruos, uno femenino y otro masculino. El monstruo femenino se llama Leviatán y habita en el fondo del mar sobre la fuente de las aguas.

8. »El monstruo masculino se llama Behemot, se posa sobre su pecho en un desierto inmenso llamado Duindaín, al oriente del jardín que habitan los elegidos y los justos, donde mi abuelo fue tomado, el séptimo desde Adán, el primer hombre a quien el Señor de los espíritus creó».
9. Le supliqué a otro ángel que me revelara el poder de esos monstruos, cómo fueron separados en un solo día y arrojados el uno al fondo del mar y el otro al suelo seco del desierto.
10. Me dijo: «Hijo de hombre, aquí vas a conocer lo que es un misterio».
11. Me habló otro ángel que iba conmigo, que me revelaba lo que estaba oculto, el principio y el fin, en lo alto del cielo y bajo la tierra en lo profundo, en las extremidades del cielo y en sus cimientos;
12. y en los depósitos de los vientos, cómo son divididos, cómo son pesados y cómo en sus puertas los vientos son registrados de acuerdo con su fuerza; y cómo es el poder que le corresponde a la luz de la luna; y la diferenciación entre las estrellas de acuerdo con sus nombres, y cómo están subdivididas y clasificadas;
13. y el trueno en los lugares donde retumba y toda la distinción que es hecha entre los relámpagos para que ellos brillen y entre sus huestes para que ellas obedezcan rápidamente.
14. El trueno hace pausas mientras espera su eco. Trueno y relámpago son inseparables, son unidos por medio del espíritu y no están separados,
15. pues cuando el relámpago resplandece, el trueno hace oír su voz y el espíritu lo aplaca mientras repica, y distribuye por igual entre ambos, pues el depósito de sus ecos es como arena y cada uno de ellos, como sus ecos, son retenidos

con un freno y, devueltos por el poder del espíritu, son impulsados hacia muchas regiones de la tierra.

16. El espíritu del mar es masculino y vigoroso; según su fuerza lo devuelve con un freno, y así es alejado y dispersado entre todas las montañas de la tierra.
17. El espíritu de la helada es su propio ángel y el espíritu del granizo es un buen ángel.
18. El espíritu de la nieve la deja caer por su propia fuerza desde sus depósitos; ella tiene un espíritu especial que sube de ella como humo y se llama escarcha.
19. El espíritu de la neblina no está unido con ellos en su depósito, sino que tiene un depósito propio, ya que su ruta es maravillosa, tanto en la luz como en la oscuridad, en invierno como en verano, y su mismo depósito es un ángel.
20. El espíritu del rocío habita en los límites del cielo y está conectado con los depósitos de la lluvia; viaja en invierno o en verano, y su nube y la nube de la neblina están relacionadas y la una da a la otra.
21. Cuando el espíritu de la lluvia sale del depósito, los ángeles van, abren el depósito y la dejan salir; cuando se derrama sobre toda la tierra, se une al agua que está sobre ella.
22. Porque las aguas son para los que viven sobre la tierra y un alimento para la tierra seca, que viene desde el Altísimo que está en el cielo; por eso hay una medida para la lluvia y los ángeles se encargan de ella.
23. Estas cosas vi en los alrededores del jardín de los justos.
24. Y el ángel de paz que estaba conmigo me dijo: «Esos dos monstruos han sido preparados para el gran día de Dios y son alimentados a fin de que
25. »el castigo del Señor de los espíritus no caiga en vano sobre ellos; harán morir a los niños con sus madres y a los

hijos con sus padres, y luego tendrá lugar el juicio acorde con su misericordia y su paciencia».

Capítulo LXI

Los ángeles que miden

1. He aquí que en esos días vi cómo unas cuerdas largas se les dieron a esos ángeles, y ellos se colocaron alas y volaron hacia el norte.
2. Le pregunté al ángel, diciéndole: «¿Por qué han tomado esas cuerdas y se han ido?». Él me respondió: «Se han ido a medir».
3. El ángel que iba conmigo me dijo: «Ellos llevan a los justos las medidas de los justos y las cuerdas de los justos para que se apoyen en el nombre del Señor de los espíritus por los siglos de los siglos.
4. »Los elegidos comenzaron a residir con el Elegido, y ésas son las medidas que serán dadas para la fe y que fortalecerán la justicia.
5. »Estas medidas revelarán todos los misterios de las profundidades de la tierra, y los que han sido destruidos por el desierto o tragados por las fieras o por los peces del mar podrán regresar sostenidos por el día del Elegido, porque ninguno será destruido ante el Señor de los espíritus, ninguno podrá ser destruido.
6. »Todos los que habitan en lo alto del cielo han recibido un mandamiento, un poder, una sola voz y una luz como fuego.
7. »A él con sus primeras palabras lo bendijeron, lo ensalzaron y alabaron con sabiduría, y han sido sabios en la palabra y el espíritu de vida.

8. »El Señor de los espíritus colocó al Elegido sobre el trono de gloria; Él juzgará todas las obras de los santos y sus acciones serán pesadas en la balanza.
9. »Cuando alce para juzgar sus vidas secretas, según la palabra del nombre del Señor de los espíritus, su sendero por la vía del juicio justo del Señor de los espíritus, entonces a una sola voz hablarán, bendecirán, glorificarán, exaltarán y proclamarán santo el nombre del Señor de los espíritus.
10. »Él convocará a todas las huestes de los cielos, a todos los santos, a las huestes de Dios, a los querubines, a los serafines, a los ofanines, a todos los ángeles de poder, a todos los ángeles de los principados, al Elegido y a los demás poderes sobre la tierra y sobre el agua.
11. »Ese día ellos elevarán una sola voz, bendecirán, alabarán y exaltarán en espíritu de fidelidad, en espíritu de sabiduría, en espíritu de paciencia, en espíritu de misericordia, en espíritu de justicia, en espíritu de paz y en espíritu de verdad, y dirán a una sola voz: "Bendito es Él y bendito sea el nombre del Señor de los espíritus para siempre y por toda la eternidad".
12. »Todos los que no duermen en el cielo alto te bendecirán; todos los santos que están en el cielo te bendecirán; todos los elegidos que habitan en el jardín de la vida, todo espíritu de luz que sea capaz de bendecir, alabar, ensalzar y proclamar santo tu nombre y toda carne glorificarán y bendecirán tu nombre más allá de toda medida por los siglos de los siglos.
13. »Porque grande es la misericordia del Señor de los espíritus, Él es paciente y ha revelado todas sus obras y toda su creación a los justos y a los elegidos, en nombre del Señor de los espíritus».

Capítulo LXII

El espíritu de la alegre justicia es el trono de gloria

1. Así ordenó el Señor a los reyes, a los poderosos, a los dignatarios y a todos los que viven sobre la tierra, diciendo: «Abrid los ojos y levantad vuestras frentes por si sois capaces de reconocer al Elegido».
2. El Señor de los espíritus se sentó en su trono de gloria, el espíritu de justicia se esparció sobre Él, y la palabra de su boca exterminó a todos los pecadores e injustos y ninguno de ellos subsistirá frente a Él.
3. Ese día todos los reyes, los poderosos y los que dominan la tierra se levantarán, le verán y le reconocerán cuando se siente sobre el trono de su gloria; la justicia será juzgada ante Él y no se pronunciará palabra vana frente a Él.
4. El dolor vendrá sobre ellos como a una mujer en un parto difícil, cuando su hijo viene por la abertura de la pelvis y sufre para dar a luz.
5. Se mirarán los unos a los otros aterrorizados, bajarán la mirada y la pena se apoderará de ellos cuando vean a este Hijo de Mujer sentarse sobre el trono de su gloria.
6. Y los reyes, los poderosos y todos los que dominan la tierra alabarán, bendecirán y ensalzarán a quien reina sobre todo lo que es secreto.
7. Porque desde el principio el Hijo del Hombre fue ocultado, y el Altísimo lo preservó en medio de su poder y lo reveló a los elegidos.
8. La asamblea de los elegidos y los santos será sembrada y todos los elegidos se sostendrán en pie en ese día;
9. pero los reyes, los poderosos, los dignatarios y los que dominan la tierra caerán ante Él sobre sus rostros, adorarán y

pondrán su esperanza en este Hijo del Hombre, le suplicarán y le pedirán misericordia.

10. Sin embargo, el Señor de los espíritus los apremiará para que se apresuren a salir de su presencia, avergonzará su rostro y las tinieblas se acumularán sobre ellos;
11. Él los entregará a los de castigo para ejecutar la venganza porque han oprimido a sus hijos, a sus elegidos.
12. Serán un espectáculo para los justos y los elegidos, quienes se alegrarán a costa de ellos, porque la ira del Señor de los espíritus cayó sobre ellos y su espada se emborrachó con su sangre.
13. En cambio, los justos y los elegidos serán salvados ese día y nunca más verán el rostro a los pecadores ni a los injustos.
14. El Señor de los espíritus residirá sobre ellos, y con este Hijo del Hombre comerán, descansarán y se levantarán por los siglos de los siglos.
15. Los justos y los elegidos se habrán levantado de la tierra, dejarán de estar cabizbajos y se vestirán con prendas de gloria.
16. Tales serán las prendas de vida del Señor de los espíritus: vuestra ropa no envejecerá y vuestra gloria no terminará ante el Señor de los espíritus.

Capítulo LXIII

Reconocimiento y castigo de los poderosos

1. En esos días los reyes, los poderosos y los que dominan la tierra suplicarán a los ángeles del castigo, a quienes habrán sido entregados, para que les den un poco de descanso, y puedan postrarse ante el Señor de los espíritus, adorarlo y reconocer sus pecados ante Él.

2. Bendecirán y alabarán al Señor de los espíritus, y dirán: «Bendito es el Señor de los espíritus, Señor de reyes, Señor de los poderosos, Señor de los ricos, Señor de gloria, Señor de sabiduría.
3. »Sobre todas las cosas secretas es esplendoroso tu poder de generación en generación y tu gloria por los siglos de los siglos; profundos e innumerables son tus misterios e inconmensurable es tu justicia.
4. »Ahora hemos aprendido que debemos alabar y bendecir al Señor de los reyes, pues reina sobre todos los reyes».
5. Y ellos dirán: «Ojalá hubiera descanso para glorificar, dar gracias y confesar nuestra fe ante su gloria.
6. »Ahora suspiramos por un pequeño descanso, pero no lo encontramos, insistimos pero no lo obtenemos; la luz se desvanece ante nosotros y las tinieblas son nuestra morada por los siglos de los siglos.
7. »Porque ante Él no hemos creído ni hemos alabado el nombre del Señor de los espíritus, y en cambio nuestras esperanzas estuvieron en el cetro de nuestro reinado y en nuestra gloria.
8. »Así, el día de nuestro sufrimiento y tribulación Él no nos ha salvado y no encontramos tregua para confesar que nuestro Señor es veraz en todas sus obras y su justicia, y que en su juicio no hace acepción de personas.
9. »Desaparecemos de su presencia a causa de nuestras obras y todos nuestros pecados han sido contabilizados justamente».
10. Después ellos se dirán: «Nuestras almas están llenas de riquezas injustas, pero ellas no nos preservan de descender en medio del peso de la muerte».

11. Luego, sus rostros estarán llenos de oscuridad y de vergüenza ante el Hijo del Hombre, serán expulsados de su presencia y la espada permanecerá frente a sus caras.
12. Entonces dijo el Señor de los espíritus: «Tal es la sentencia y el juicio con respecto a los poderosos, los reyes, los dignatarios y aquellos que dominaron la tierra frente al Señor de los espíritus».

Capítulo LXIV
Los que revelaron los secretos

1. Después vi otras caras ocultas en ese lugar.
2. Oí la voz de un ángel, diciendo: «Éstos son los ángeles que descendieron sobre la tierra, y que revelaron a los hijos de los hombres lo que está secreto, y enseñaron a los hijos de los hombres a cometer el pecado».

Capítulo LXV
Combinación secreta revelada

1. En esos días Noé vio que la tierra estaba amenazada de ruina y que su destrucción era inminente;
2. y partió de allí y fue hasta los extremos de la tierra; le gritó fuerte a su abuelo Enoc y le dijo con voz amarga: «¡Escúchame, escúchame, escúchame!
3. »Dime, ¿qué es lo que está pasando sobre la tierra para que sufra tan grave apuro y tiemble? Quizá yo pereceré también con ella».
4. Tras esto hubo una gran sacudida sobre la tierra; luego una voz se hizo oír desde el cielo y yo caí sobre mi rostro.

5. Y Enoc, mi abuelo, vino, se mantuvo cerca de mí y me preguntó: «¿Por qué me has gritado con amargura y llanto?».
6. Después fue expedida una orden desde la presencia del Señor de los espíritus sobre los que viven en la tierra, para que se cumpliera su ruina, porque todos han conocido los misterios de los Guardianes, toda la violencia de los Satanes, todos sus poderes secretos, el poder de los maleficios, el poder de los hechiceros y el poder de quienes funden artículos de metal para toda la tierra:
7. cómo la plata se produce del polvo de la tierra, cómo el estaño se origina en la tierra;
8. pero el plomo y el bronce no son forjados por la tierra como la primera, sino que una fuente los produce y un ángel prominente permanece allí.
9. Luego, mi abuelo Enoc me tomó por la mano, me levantó y me dijo: «Vete, porque le he preguntado al Señor de los espíritus sobre esta sacudida de la tierra.
10. »Y Él me ha dicho: "A causa de su iniquidad se cumple su castigo, y en mi presencia no se tendrá cuenta de los meses en los cuales ellos han buscado saber que la tierra será destruida por los que la habitan".
11. »En cuanto a éstos (los ángeles), no habrá jamás conversión para ellos, porque les han enseñado a los hombres lo que es secreto, y son ellos los que han sido condenados. Pero en cuanto a ti, hijo mío, el Señor de los espíritus sabe que eres puro e indemne de este reproche que concierne a los misterios.
12. »Y Él ha afianzado su nombre en medio de los santos, y te preservará entre los que habitan sobre la tierra, y afianzará tu raza en la justicia para la realeza y para grandes honores, y de tu raza saldrá un manantial de justos y de santos, que serán innumerables por siempre jamás».

Capítulo LXVI

Los poderes de las aguas

1. Y después de esto, él me mostró los ángeles del castigo, que estaban dispuestos a desatar los poderes del agua, que está por debajo de la tierra, para que ella sirva al castigo y a la destrucción de todos los que permanecen y habitan sobre ella.
2. Y el Señor de los espíritus mandó a los ángeles que salían que no levantasen las manos, sino que vigilasen, pues estos ángeles estaban encargados del empuje de las aguas.
3. Y yo salí ante el rostro de Enoc. Después me mostró los ángeles del castigo que estaban listos para venir y desatar la fuerza de las aguas que están debajo de la tierra.

Capítulo LXVII

La raza de vida. Las aguas del cambio

1. En esos días la palabra del Señor del universo vino a mí y Él me dijo: «Noé, tu destino ha llegado hasta mí, un destino sin mancha, un destino de amor y rectitud.
2. »Ahora los ángeles están construyendo una casa de madera y cuando terminen su tarea, extenderé mi mano sobre ella y la preservaré; la semilla de vida germinará de ella y se producirá un cambio para que la tierra no quede desocupada.
3. »Yo consolidaré tu linaje ante mí para siempre, diseminaré a los que viven contigo y tu familia no será estéril, sino bendecida y multiplicada sobre la superficie de la tierra en el nombre del Señor».

4. Él encarcelará a los Guardianes que han demostrado injusticia, en este valle ardiente que antes me había mostrado mi abuelo Enoc en el occidente, cerca de las montañas de oro, plata, hierro, estaño y plomo.
5. Vi ese valle donde había gran perturbación y agitación de aguas.
6. Cuando todo esto ocurrió, de aquel ardiente metal fundido y desde la agitación, en ese lugar se produjo un olor a azufre y se mezcló con las aguas; ese valle donde estaban los Guardianes que habían seducido a la humanidad arde bajo la tierra.
7. De sus valles salen ríos de fuego donde son castigados esos Guardianes que han seducido a quienes habitan sobre la tierra.
8. Esas aguas servirán en estos días a los reyes, a los poderosos, a los dignatarios y a aquellos que habitan sobre la tierra, para salud del cuerpo y para castigo del espíritu, pero su espíritu está lleno de codicia y su carne será castigada porque han rechazado al Señor de los espíritus. Serán castigados diariamente y aun así no creerán en el Señor de los espíritus.
9. Cada vez más su carne será quemada con intensidad, cada vez más se producirá un cambio en su espíritu por los siglos de los siglos, porque no hay nadie ante el Señor de los espíritus que profiera una palabra vana.
10. Pues el juicio vendrá sobre ellos, porque creen en la voluptuosidad de su carne y reniegan del Espíritu del Señor.
11. En estos días, hay en las mismas aguas un cambio, pues cuando estos ángeles son castigados en estas aguas, el calor de estos manantiales cambia y cuando los ángeles suben esta agua de los manantiales es aún cambiada, y se enfría.

12. Y yo oí a Miguel tomar la palabra y decir: «Este castigo con que son castigados los ángeles es un testimonio para los reyes y para los poderosos que poseen la tierra
13. »Pues estas aguas de castigo son para la curación de la carne de los reyes y para la de la voluptuosidad de su carne, pero ellos no creen y no ven que estas aguas serán cambiadas y se convertirán en un fuego que arderá para siempre».

Capítulo LXVIII
UN LIBRO. COMO SI ELLOS FUERAN EL SEÑOR

1. Después de eso, mi abuelo Enoc me dio la explicación de todos los misterios en un libro y en las parábolas que le habían sido dadas y que él reunió para mí en las palabras del Libro de las parábolas.
2. Ese día Miguel habló y le dijo a Rafael: «El poder del Espíritu me transporta y me hace estremecer a causa de la severidad del juicio por los secretos y del castigo de los ángeles. ¿Quién podrá soportar la rigurosa sentencia que ha sido ejecutada y frente a la cual ellos se deshacen?».
3. Miguel habló de nuevo y le preguntó a Rafael: «¿Existe alguien cuyo corazón no sea tocado por esto y cuyos riñones no se turben por esta sentencia proferida contra aquellos que han sido arrojados?».
4. Pero sucedió que cuando Miguel llegó ante el Señor de los espíritus, le dijo a Rafael: «No haré su defensa a los ojos del Señor, pues el Señor de los espíritus está furioso con ellos, porque se comportaron como si fueran el Señor.
5. »Por esto, todo lo que es secreto vendrá contra ellos por los siglos de los siglos; pues ni ángel ni humano recibirán su

parte, pero ellos han recibido su sentencia por los siglos de los siglos».

Capítulo LXIX

Los ángeles caídos. Sus nombres y obras. Fuerte y poderoso

1. Después de este juicio estarán llenos de estupor y temblarán porque ellos han revelado aquello a los humanos que habitan la tierra.
2. Y he aquí los nombres de estos ángeles, y tales son sus nombres: el primero de entre ellos es Semyaza, el segundo Arstiqifa, el tercero Armen, el cuarto Kokabiel, el quinto Touriel, el sexto Rumyal, el séptimo Daniel, el octavo Neqel, el noveno Baraqiel, el décimo Azazel, el undécimo Armaros, el duodécimo Bataryal, el decimotercero Basasael, el decimocuarto Hananel, el decimoquinto Touriel, el decimosexto Simapisiel, el decimoséptimo Yetariel, el decimoctavo Tumael, el decimonoveno Tariel, el vigésimo Rumael y el vigesimoprimero Azazel.
3. Y éstos son los nombres de sus ángeles, y los nombres de sus jefes de centenas, de sus jefes de cincuentenas y de sus jefes de docenas.
4. El nombre del primero es Yeqon: éste es el que sedujo a todos los hijos de los ángeles, los hizo descender sobre la tierra y los sedujo por las hijas de los hombres.
5. Y el nombre del segundo es Asbeel: éste dio un mal consejo a los hijos de los ángeles santos; los arrastró a mancillar su carne con las hijas de los hombres.
6. El nombre del tercero es Gadriel: éste es el que mostró a las hijas de los hombres todas las llagas de muerte, él es

quien sedujo a Eva, y él es quien mostró a los hijos de los hombres las plagas de muerte, así como el escudo, la coraza y la espada para el combate, y todos los instrumentos de muerte a los hijos de los hombres.

7. De su mano, ellos han salido contra los que habitan la tierra, después de este día y por los siglos de los siglos.
8. El nombre del cuarto es Panemue: éste mostró a los hijos de los hombres lo amargo y lo dulce, y también todos los secretos de la sabiduría de los ángeles.
9. Éste es el que enseñó a los hombres a escribir con tinta y papiros, y son muchos los que se han descarriado a causa de ello, desde el comienzo hasta este día.
10. Porque los hombres no han sido traídos al mundo con el propósito de afianzar su creencia en la tinta y el papel,
11. sino que los humanos han sido creados con la intención de que vivieran puros y justos para que la muerte que todo lo destruye no pudiera alcanzarlos. Pero por culpa de este conocimiento suyo, el poder de ella me devora.
12. El nombre del quinto es Kasdeyae: éste es el que mostró a los hijos de los hombres todas las plagas malas de los espíritus y de los demonios, y la plaga del embrión en el seno para que éste sucumba, y la plaga de la vida, la mordedura de la serpiente y la plaga que llega a mediodía, el hijo de la serpiente cuyo nombre es Tabaet.
13. Y éste es el número de Kasbeel, que mostró a los santos la cabeza de juramento, cuando vivía en lo alto, en la gloria, y su nombre es Beqa.
14. Éste (Kasbeel) pidió a Miguel que le mostrase el nombre secreto para mencionarlo en el juramento porque aquellos que han mostrado a los hijos de los hombres todo lo que es secreto tiemblan ante este nombre y ante este juramento.

15. Y he aquí el poder de este juramento: es fuerte y poderoso, y Él (Dios) había puesto este juramento, Akae, en la mano de Miguel.
16. Y he aquí los secretos de este juramento... y él es fuerte en su juramento. Y para él el cielo fue suspendido antes de que el mundo fuera creado, y hasta la eternidad.
17. Y la tierra ha sido hundida en el agua, y las secretas profundidades de las montañas se han convertido en bellas aguas, desde la creación del mundo hasta la eternidad.
18. Y por este juramento el mar ha sido creado, y para su hundimiento en el tiempo de la cólera él le ha dado arena y ella no franquea sus límites desde la creación del mundo hasta la eternidad.
19. Y por este juramento los abismos han sido afirmados, y son estables, y no cambian de lugar desde la eternidad hasta la eternidad.
20. Y por este juramento el sol y la luna cumplen su ruta sin desobedecer sus leyes, desde la eternidad hasta la eternidad.
21. Y por este juramento las estrellas siguen su curso, Él las llama por su nombre y ellas le responden, desde la eternidad hasta la eternidad.
22. De igual forma los espíritus del agua, de los vientos y de todas las brisas desde todas las regiones de la tierra.
23. Allí son preservadas la voz del trueno y la luz del relámpago, y allí son preservados los depósitos del granizo, la escarcha, la nieve, la lluvia y el rocío.
24. Todos éstos son fieles, dan gracias ante el Señor de los espíritus, le alaban con todas sus fuerzas, su alimento está en toda acción de gracias y agradecen, alaban y ensalzan el nombre del Señor de los espíritus por los siglos de los siglos.

25. Este juramento es poderoso; a través de él, sus senderos son preservados y su curso no será destruido.
26. Y hubo gran alegría entre ellos; bendijeron, alabaron y ensalzaron al Señor, porque les había sido revelado el nombre de este Hijo del Hombre.
27. Él se ha sentado sobre el trono de su gloria y la suma del juicio le ha sido dada al Hijo del Hombre, y Él ha hecho que los pecadores sean expulsados y destruidos de la faz de la tierra;
28. y los que han descarriado al mundo serán atados con cadenas; en el lugar donde habían sido reunidos para la destrucción serán encarcelados y todas sus obras desaparecerán de la faz de la tierra.
29. A partir de entonces nada se corromperá, porque este Hijo del Hombre ha aparecido y se ha sentado en el trono de su gloria, toda maldad se alejará de su presencia y la palabra de este Hijo del Hombre saldrá y se fortalecerá ante el Señor de los espíritus. Ésta es la tercera parábola de Enoc.

Capítulo LXX

Enoc arrebatado

1. Y sucedió después esto: que su nombre fue elevado en vida, arriba hacia este Hijo del Hombre y hacia el Señor de los espíritus, lejos de los que viven en la tierra;
2. fue elevado sobre el carro del espíritu y el nombre desapareció de entre ellos.
3. Desde ese día no fui contado más entre ellos y Él me hizo sentar entre dos regiones, entre el norte y el occidente, allí donde los ángeles habían tomado cuerdas a fin de medir para mí el lugar para los elegidos y los justos.

4. Allí vi a los primeros padres y a los justos que desde el comienzo habitan en ese lugar.

Capítulo LXXI

Enoc en el cielo de los cielos

1. Y ocurrió entonces que mi espíritu fue trasladado, y ascendió a los cielos y vi a los hijos de Dios. Ellos caminaban sobre llamas de fuego; sus ropas eran blancas y su cara resplandecía como el cristal.
2. Vi dos ríos de fuego; la luz de este fuego brillaba como el jacinto y caí sobre mi rostro ante el Señor de los espíritus.
3. El ángel Miguel me tomó de la mano derecha, me levantó, me condujo dentro de todos los misterios y me reveló los secretos de los justos;
4. me reveló los secretos de los límites del cielo y todos los depósitos de las estrellas, de las luminarias, por donde nacen en presencia de los santos.
5. Él trasladó mi espíritu dentro del cielo de los cielos; vi que allí había una edificación de cristal y, entre esos cristales, lenguas de fuego vivo.
6. Mi espíritu vio un círculo que rodeaba de fuego esta edificación y en sus cuatro esquinas había fuentes de fuego vivo.
7. Alrededor de ella había serafines, querubines y ofanines; éstos son los que no duermen y vigilan el trono de su gloria.
8. Vi innumerables ángeles, miles y miles, miríadas y miríadas, rodeando esa edificación,
9. y a Miguel, Rafael, Gabriel y Uriel, así como a una multitud de santos incontable.

10. Con ellos estaba la Cabeza de los Días; su cabeza era blanca y pura como la lana y sus vestidos, indescriptibles.
11. Caí sobre mi rostro, todo mi cuerpo desmayó, mi espíritu fue transfigurado, grité con voz fuerte, con espíritu de poder y bendije, alabé y exalté.
12. Estas bendiciones que salieron de mi boca fueron consideradas agradables ante esta Cabeza de los Días.
13. Y esta Cabeza de los Días vino con Miguel, Gabriel, Rafael y Uriel y una multitud innumerable de ángeles.
14. Vino a mí, me saludó con su voz y me dijo: «Éste es el Hijo del Hombre que ha sido engendrado por la justicia; la justicia reside sobre él y la Cabeza de los Días no le abandonará».
15. Me dijo: «Él proclamará sobre ti la paz, en nombre del mundo por venir, porque desde allí ha provenido la paz desde la creación del mundo y así la paz estará sobre ti para siempre y por toda la eternidad.
16. »Todo andará por su camino y, mientras, la justicia no lo abandonará jamás, con Él vivirá, con Él su herencia, y de Él no será separada nunca ni por toda la eternidad.
17. »Y sucederá así largos días con este Hijo del Hombre, y la paz será para los justos, y la vía recta para los justos, en nombre del Señor de los espíritus por los siglos de los siglos».

Libro del movimiento de las Luminarias Celestiales (astronómico)

Capítulo LXXII

La ley del sol

1. El Libro del movimiento de las luminarias celestiales, las relaciones entre ellas, de acuerdo con su clase, su dominio y su estación, cada una según su nombre, el sitio de su salida y sus meses. Uriel, el santo ángel que estaba conmigo y que es su guía, me las mostró y me reveló todas sus leyes exactamente como son y como se observan todos los años del mundo, hasta la eternidad, hasta que se complete la nueva creación que durará hasta la eternidad.
2. Ésta es la primera ley de las luminarias, la luminaria del sol, que tiene su nacimiento en las puertas orientales del cielo y su puesta en las puertas occidentales del cielo.
3. Vi seis puertas donde el sol nace y seis puertas donde el sol se oculta; la luna nace y se oculta por esas puertas, así como los líderes de las estrellas y quienes los guían a ellos. Son seis puertas al oriente y seis al occidente, una tras la otra en riguroso orden, y además muchas ventanas a la derecha y a la izquierda de ellas.

4. Primero aparecía allí la gran luminaria cuyo nombre es el sol, cuya circunferencia es como la circunferencia del cielo y que está totalmente lleno de un fuego que alumbra y abrasa.
5. El viento lleva el carro en el que él asciende; el sol se oculta y retorna a través del norte para regresar al oriente, y es conducido para que entre por esa puerta y brille en la faz del cielo.
6. En esta forma nace en el primer mes por la gran puerta que es la cuarta.
7. En esta cuarta puerta por la cual el sol nace el primer mes hay doce ventanas abiertas de las cuales procede una llama cuando están abiertas en su estación.
8. Cuando el sol nace, viene desde esa cuarta puerta treinta mañanas seguidas y se pone exactamente por la cuarta puerta en el occidente del cielo.
9. Durante este período cada día llega a ser más largo que el anterior y cada noche llega a ser más corta que la anterior.
10. En ese momento el día se ha alargado en una novena parte a costa de la noche: el día equivale a diez partes y la noche exactamente a ocho partes.
11. El sol nace por esa cuarta puerta, se pone por la cuarta, vuelve a la quinta puerta oriental a las treinta mañanas, nace por la quinta puerta y se pone por la quinta.
12. Entonces el día se ha alargado en dos partes y es de once partes, y la noche es más corta, de siete partes.
13. Y retorna al oriente, entra en la sexta puerta y nace; y se oculta por la sexta puerta durante treinta y una mañanas, por cuenta de su signo.
14. En ese momento el día es más largo que la noche; llega a ser el doble de la noche y equivale a doce partes; la noche es acortada y equivale a seis partes.

15. Entonces el sol se eleva para acortar el día y alargar la noche; regresa al oriente para entrar por la sexta puerta, nace por ella y se pone, durante treinta mañanas.
16. Y cuando las treinta mañanas han pasado, el sol ha disminuido en una parte exactamente, y equivale a once partes y la noche a siete.
17. El sol sale del occidente por esa sexta puerta, va al oriente, nace por la quinta puerta durante treinta mañanas y se pone en el occidente, de nuevo por la quinta puerta.
18. En ese momento el día disminuye en otra parte y equivale a diez partes, y la noche a ocho.
19. El sol va desde esa quinta puerta, se oculta por la quinta puerta del occidente, nace por la cuarta puerta durante treinta y una mañanas a causa de su signo y se oculta por el occidente.
20. En ese momento el día es igual a la noche, llegan a ser equivalentes: la noche tiene nueve partes y el día nueve partes.
21. El sol que nace por esa puerta y se oculta por el occidente nace por la tercera durante treinta mañanas y se pone al occidente por la tercera puerta.
22. En ese momento la noche es más larga que el día y que las noches anteriores, y cada día es más corto que el día anterior hasta la trigésima mañana; la noche equivale exactamente a diez partes y el día a ocho.
23. El sol que nace por aquella tercera puerta y se pone por la tercera en el occidente regresa para salir por el oriente, nace por la segunda puerta durante treinta mañanas y así mismo se pone por la segunda puerta al occidente del cielo.
24. En ese momento la noche equivale a once partes y el día a siete.

25. El sol que sale durante ese período por esa segunda puerta y se pone al occidente por la segunda vuelve al oriente por la primera puerta durante treinta y una mañanas y se oculta por la primera al occidente del cielo.
26. En ese momento la noche se ha alargado hasta llegar a ser dos veces el día: la noche equivale exactamente a doce partes y el día a seis.
27. El sol, que ha recorrido las secciones de sus órbitas, vuelve de nuevo sobre ellas, entra por cada una de sus puertas durante treinta mañanas y se pone al occidente por la opuesta.
28. Entonces la noche disminuye una parte su duración; la noche equivale a once partes y el día a siete.
29. El sol ha regresado y ha entrado por la segunda puerta del oriente, y retorna por las secciones de su órbita durante treinta mañanas naciendo y ocultándose.
30. En ese momento la duración de la noche disminuye; equivale a diez partes y el día a ocho.
31. Entonces el sol nace por la segunda puerta, se pone por el occidente, vuelve al oriente, nace por la tercera puerta durante treinta y una mañanas y se pone al occidente del cielo.
32. En ese momento la noche se ha acortado; equivale a nueve partes y el día también a nueve partes, la noche es igual al día y el año tiene exactamente trescientos sesenta y cuatro días.
33. La duración del día y de la noche y el acortamiento del día o de la noche son señalados por el recorrido del sol.
34. Así, en ese recorrido el día se alarga y la noche se acorta.
35. Ésta es la ley del recorrido del sol y su retorno, según la cual vuelve y nace sesenta veces la gran luminaria que se llama sol, por los siglos de los siglos.

36. La que se levanta es la gran luminaria, nombrada según su propia apariencia, como lo ha ordenado el Señor.
37. Así como nace se oculta, sin decrecer ni descansar, sino recorriendo día y noche; y su luz brilla siete veces más que la de la luna, aunque al observarlos a ambos tengan igual tamaño.

Capítulo LXXIII

Primera ley de la luna

1. Después de esta ley, vi otra, que trata sobre la pequeña luminaria cuyo nombre es luna.
2. Su circunferencia es como la circunferencia del cielo y el carro en el cual monta, y la luz le es dada con mesura;
3. y cada mes su nacimiento y su puesta se modifican; sus días son como los días del sol y cuando su luz es plena, es la séptima parte de la luz del sol.
4. Así nace: en su primera fase nace del lado del oriente el trigésimo día; en la época en que ella aparece es para vosotros el principio del mes sobre el trigésimo día, simultáneamente cuando el sol está en la puerta por la cual nace.
5. Es visible en la mitad de la séptima parte; toda su circunferencia está vacía, sin luz, con excepción de medio séptimo, la catorceava parte de su luz.
6. Y cuando recibe medio séptimo de su luz, ésta se incrementa la mitad de la séptima parte de ella.
7. Se pone con el sol, y cuando el sol nace, la luna nace con él y recibe la mitad de una séptima parte de luz; en esa noche, en el comienzo de su mañana, la luna se oculta

con el sol y es invisible esa noche en su catorceavo o en el medio séptimo.

8. Ella nace en ese momento exactamente con una séptima parte, sale, se inclina hacia el nacimiento del sol y en el resto de sus días llega a brillar en las otras trece partes.

Capítulo LXXIV

Segunda ley de la luna

1. He visto otra ruta, una ley para ella, y cómo por medio de esta ley se cumple el movimiento de sus meses.
2. Todo esto me lo mostró Uriel, el ángel santo que es el líder de todos ellos; he descrito su posición tal y como él me la ha revelado, sus meses tal y como son, y el aspecto de su luz hasta que se cumplan quince días.
3. En cada séptima parte ella cumple su luz al oriente y en cada séptima parte cumple su oscuridad al occidente.
4. En ciertos meses ella altera sus puestas y en ciertos meses sigue su propio curso.
5. Son dos los meses en que la luna se oculta con el sol, por las dos puertas que están en la mitad, la tercera y la cuarta.
6. Ella sale durante siete días, vira y retorna por la puerta por donde sale el sol.
7. Cuando el sol sale por la séptima puerta, ella sale durante siete días, hasta que nace por la quinta, vira y regresa de nuevo durante siete días por la cuarta puerta, completa toda su luz, se aleja y entra por la primera durante ocho días.
8. Ella retorna durante siete días por la cuarta puerta, por la que sale el sol.
9. Así he visto su posición, cómo la luna sale y el sol se pone durante esos días.

10. Y viene el excedente del sol y de las estrellas, que es de seis días; en cinco años, estos seis llegan a hacer treinta días; el curso de la luna es, pues, inferior en treinta días al del sol y las estrellas.
11. El sol y las estrellas llevan completo el año exactamente, tanto que ellos no adelantan ni retroceden su posición ni un solo día durante toda la eternidad, y completan los años con perfecta exactitud cada trescientos sesenta y cuatro días.
12. En tres años hay mil noventa y dos días; en cinco años, mil ochocientos veinte días, y en ocho años, dos mil novecientos doce días.
13. Pero para la luna sola sus días en tres años llegan a mil sesenta y dos, y a los cinco años le faltan cincuenta días.
14. Ella tiene en cinco años mil setecientos setenta días y, así, hay para la luna durante ocho años dos mil ochocientos treinta y dos días.
15. A los ocho años le faltan ochenta días.
16. El año se cumple regularmente según las estaciones del mundo y la posición del sol, que sale por las puertas por las cuales nace y se oculta durante treinta días.

Capítulo LXXV

El cálculo de 364

1. Los jefes de los príncipes de mil que están encargados de toda la creación y de todas las estrellas tienen qué hacer con los cuatro días intercalados; al ser inseparables de su obra de acuerdo con el cálculo del año, tienen que prestar servicio durante cuatro días que no son contabilizados.
2. Por esta causa los hombres se equivocan, pues estas luminarias prestan servicio exactamente a las estaciones del

mundo, una por la primera puerta, otra por la tercera, otra por la cuarta y otra por la sexta; así, la armonía del mundo se cumple en trescientas sesenta y cuatro estaciones.

3. Porque en cuanto a los signos, los tiempos, los años y los días, me los mostró Uriel, el Guardián a quien el Señor de gloria ha encargado de todas las luminarias del cielo y en el mundo, para que reinen sobre la faz del cielo, sean vistas desde la tierra y sean las guías del día y de la noche, así el sol, la luna, las estrellas y todas las criaturas auxiliares que recorren sus órbitas en los carros del cielo.
4. De la misma forma Uriel me mostró doce puertas abiertas en el recorrido de los carros del sol en los cielos; por ellas salen los rayos del sol y se expande el calor sobre la tierra cuando están abiertas en las estaciones que le son asignadas.
5. Ellas sirven también para los vientos y el espíritu del rocío cuando están abiertas en los límites de los cielos.
6. Son doce las puertas del cielo en los confines de la tierra, de las cuales salen el sol, la luna, las estrellas y toda creación en el cielo al oriente y al occidente;
7. hay numerosas ventanas abiertas a su derecha y a su izquierda, y cada ventana esparce calor en su estación; corresponden a esas puertas por las que salen las estrellas y se ocultan de acuerdo con su número, según lo ha mandado Él.
8. He visto en los cielos carros que recorren el mundo por encima de esas puertas; en ellos ruedan las estrellas que no se ocultan.
9. Hay uno más grande que todos: es el que le da la vuelta al mundo entero.

Capítulo LXXVI

Las doce puertas en los confines de la tierra

1. En los límites de la tierra he visto doce puertas abiertas para todas las regiones; por ellas salen los vientos y desde ellas soplan sobre la tierra.
2. Tres de ellas están abiertas sobre la faz del cielo, tres al occidente, tres a la derecha del cielo y tres a la izquierda.
3. Las tres primeras son las que están al oriente, las tres siguientes al sur, las tres siguientes al norte y las tres siguientes al occidente.
4. Por cuatro de ellas salen los vientos que son para la curación de la tierra y para su vivificación, y por ocho salen los vientos perjudiciales que cuando son enviados destruyen todo en la tierra, las aguas y cuanto hay en ellas, lo que crece, florece o repta, tanto en las aguas como en la tierra seca y todo lo que vive en ella.
5. Primero sale el viento del oriente por la primera puerta oriental y se inclina hacia el sur. Por allí sale la destrucción, la sequía, el calor y la desolación.
6. Por la segunda puerta, la de en medio, sale el viento del este: la lluvia, los frutos, la reanimación y el rocío. Por la tercera puerta sale el viento del nororiente que está cerca del viento del norte: sale frío y produce sequía.
7. Detrás de ellos, por las tres puertas que están al sur de los cielos, sale en primer lugar por la primera puerta un viento del sur y al oriente un viento de calor.
8. Por la segunda puerta sale un viento del sur: rocío, lluvia, bienestar, reanimación, salvación y vida.
9. Por la tercera puerta sale un viento del sur occidental: rocío, lluvia, langosta y destrucción.

10. Tras éste, sale un viento norte que viene de la séptima puerta, hacia el oriente, con rocío, lluvia, langostas y desolación.
11. De la puerta de en medio sale directamente un viento con salud, lluvia, rocío y prosperidad. Por la tercera puerta, la que se inclina al occidente, viene un viento con nubes, escarcha, nieve, lluvia, rocío y langostas.
12. Después de éstos, están los vientos del occidente. Por la primera puerta, que se halla inclinada hacia el norte, sale un viento con rocío, escarcha, frío, nieve y helada.
13. Por la puerta de en medio sale un viento con rocío, lluvia, prosperidad y bendición. A través de la última puerta, la que se inclina al sur, sale un viento con carestía, ruina, quema y desolación.
14. Y ya se han acabado las doce puertas de los cuatro puntos cardinales del cielo. Te he enseñado su explicación completa, ¡oh, hijo mío, Matusalén!

Capítulo LXXVII

Las cuatro regiones. Siete montañas y siete islas

1. Se llama a la primera región oriental, porque es la primera. Se llama a la segunda el mediodía, porque el Altísimo desciende de allí; y el eternamente bendito desciende, sobre todo, allí.
2. La siguiente región, la del poniente, es imperfecta, porque allí son disminuidas y descienden todas las luces del cielo.
3. La cuarta región, cuyo nombre es norte, se divide en tres partes: la primera de ellas es la habitación de los hombres, la segunda está en los mares de las aguas, en los abismos,

en los bosques, en los ríos, en las tinieblas y en las nubes, y la tercera en el jardín de justicia.

4. He visto siete altas montañas, más altas que todas las montañas que están sobre la tierra; de ellas viene la helada y también los días, las estaciones y los años.
5. He visto siete ríos sobre la tierra, más grandes que todos los ríos; uno de ellos viene del occidente, en el gran mar desembocan sus aguas.
6. Y los dos restantes van del norte al mar, y desembocan en el mar de Eritrea, en el oriente.
7. Y los otros cuatro salen del lado del norte hasta su mar: dos hasta el mar de Eritrea y dos hasta el gran mar; desembocan allí (otros dicen: en el desierto).
8. Siete grandes islas he visto en el mar y cerca de la tierra; dos cerca de la tierra y cinco en alta mar.

Capítulo LXXVIII

Sol y luna. La ley del otro

1. He aquí los nombres del sol: uno es Oryares y el otro Tomás.
2. Y la luna tiene cuatro nombres: su primer nombre es Asonya, el segundo Ebela, el tercero Benase y el cuarto Erael.
3. Éstas son las dos grandes luminarias; su circunferencia es como la circunferencia del cielo, y la talla de sus dos circunferencias es similar.
4. Dentro de la circunferencia del sol hay siete partes de luz que le son añadidas de más con respecto a la luna y con

completa mesura le es transferida a ella hasta la séptima parte extraída al sol.

5. Ellas se ponen y entran por las puertas del occidente, hacen su viraje por el norte y vuelven por las puertas del oriente sobre la faz del cielo.
6. Cuando la luna se levanta, la mitad de un séptimo de su luz brilla en los cielos para aparecer sobre la tierra y se completa de día en día, hasta el día catorce, cuando toda su luz está completa.
7. Su luz crece por quinceavos y se completa de día en día hasta el día quince, en el cual toda su luz está completa, según el signo de los años. La luna crece y realiza sus fases de a medios séptimos.
8. Y en su decrecimiento, el primer día decrece a catorce partes de su luz y el segundo, a trece partes, y hasta el quince en el que es consumido todo lo que restaba del todo.
9. En ciertos meses tiene veintinueve días y otras veces veintiocho.
10. Y Uriel me enseñó otro cálculo, tras haberme mostrado cuándo la luz es transferida a la luna y sobre qué lado se la transfiere el sol.
11. Durante toda la fase creciente de la luna, se transfiere su luz frente al sol durante catorce días hasta que se ilumina toda y su luz es completa en el cielo.
12. El primer día es llamada luna nueva, porque desde ese día su luz crece.
13. Llega a ser luna llena exactamente en el momento en que el sol se oculta por el occidente y ella asciende desde el oriente por la noche y brilla durante toda la noche, hasta que el sol nace frente a ella y la luna es observada frente al sol.

14. Por el lado por el que la luz de la luna llega, por ahí decrece de nuevo, hasta que toda su luz desaparece, los días del mes se completan y su circunferencia está vacía, sin luz.
15. Durante tres meses ella sale de treinta días y en su tiempo sale tres meses de veintinueve días cada uno, en los cuales ella cumple su menguante en el primer período de tiempo y en el primer portal, en ciento setenta y siete días.
16. Y en el tiempo de su nacimiento, durante tres meses aparece durante treinta días, y durante tres meses aparece veintinueve días.
17. En la noche ella aparece durante veinte días como un hombre; y en el día, como el cielo; porque ella no tiene otra cosa que su luz.

Capítulo LXXIX

Decrecimiento y luz completa de la luna

1. Hijo mío: ya te he enseñado todo y la ley de todas las estrellas de los cielos ha concluido.
2. Él me ha enseñado, pues, todas sus leyes por todos los días, y por todos los tiempos que ejercen el poder, y por todo el año y por su fin, y por las reglas de todos los meses y todas las semanas;
3. y el menguante de la luna que comienza a través de la sexta puerta, en la cual se completa su luz,
4. que ocurre en el primer portal en su tiempo y se completa a los ciento setenta y siete días o, contado en semanas, veinticinco semanas y dos días.
5. Ella se atrasa exactamente cinco días en el curso de un período, con respecto del sol y del orden de las estrellas, y

al ocurrir esto es corregida. Parece como la imagen de una visión cuando su luz se atrasa.

6. Cuando ella se encuentra en su plenitud, en la noche esta visión parece como un hombre, en la noche aparece como la imagen del sol en el cielo y no hay nada más en ella, salvo su luz. Ésta es la visión y la imagen de todas las luminarias, que me mostró Uriel, el gran ángel.

Capítulo LXXX

El retraso de los frutos y los tiempos

1. En esos días Uriel me dirigió la palabra y me dijo: «Mira que te he revelado todo, Enoc, te he enseñado todo para que pudieras ver este sol, esta luna, las guías de las estrellas de los cielos y todos aquellos que las hacen recorrer, así como sus tareas, tiempos y salidas.
2. »En los días de los pecadores los años serán acortados, y su semilla llegará tarde a sus tierras y sus campos; todas las cosas sobre la tierra se alterarán y no saldrán a su debido tiempo; la lluvia será retenida y los cielos la retendrán.
3. »En esa época los frutos de la tierra serán retenidos, no crecerán a tiempo los frutos de los árboles, pues serán retardados;
4. »la luna alterará su orden y no aparecerá a su debido tiempo.
5. »En esos días el sol será visto en el cielo ardiente extendiendo la esterilidad, viajará por la noche sobre el límite del gran carro del occidente y brillará más que lo que corresponde al orden de su luz.
6. »Muchas guías de las estrellas transgredirán el orden, alterarán sus órbitas y tareas, y no aparecerán en el momento prescrito para ellas.

7. »Todas las leyes de las estrellas serán ocultadas a los pecadores; los pensamientos de quienes viven sobre la tierra estarán errados al respecto, y ellos equivocarán sus caminos y tendrán a las estrellas como dioses.
8. »El mal se multiplicará sobre ellos y el castigo contra ellos llegará para aniquilarlos a todos».

Capítulo LXXXI

Enoc lee las tablas. Su regreso

1. Y él me dijo: «Mira, Enoc, estas tablillas celestiales, lee lo que está escrito en ellas y señala cada dato».
2. Miré las tablillas celestiales, leí todo lo que estaba escrito y lo comprendí todo; leí el libro de todas las acciones de la humanidad y de todos los hijos de la carne que están sobre la tierra, hasta las generaciones remotas.
3. En seguida bendije al gran Señor, Rey de Gloria por la eternidad, porque ha hecho todas las criaturas del universo, alabé al Señor por su paciencia y le bendije por los hijos de Adán.
4. Entonces dije: «Bienaventurado el hombre que muera en justicia y bondad y contra el cual no se haya escrito una palabra de injusticia ni se encuentre una el día del juicio».
5. Esos siete santos me llevaron, me colocaron sobre la tierra frente al portón de mi casa y me dijeron: «Da a conocer todo a Matusalén, tu hijo; enseña a todos sus hijos que ningún ser de carne es justo ante el Señor, porque Él es su Creador.
6. »Te dejaremos un año al lado de tu hijo hasta que des tus instrucciones, para que enseñes a tus hijos, escribas para ellos lo que has visto y lo testifiques a todos tus hijos; luego, en el segundo año se te separará de ellos.

7. »Que tu corazón sea fuerte porque los buenos anunciarán la justicia a los buenos, los justos con los justos se alegrarán y se felicitarán el uno al otro.
8. »En cambio, el pecador morirá con el pecador y el apóstata se hundirá con el apóstata.
9. »Los que practican la justicia morirán por obra de los hombres y serán llevados a causa de las acciones de los malvados».
10. En esos días terminaron de hablarme y yo regresé con mi gente, bendiciendo al Señor del universo.

Capítulo LXXXII

Sabiduría para calcular los tiempos

1. Hijo mío, Matusalén, ahora te estoy contando y escribiendo todas estas cosas; te he manifestado todo y te he dado los libros concernientes a ellas; preserva, hijo mío, Matusalén, el libro de la mano de tu padre y entrégalo a las generaciones del mundo.
2. Te he dado sabiduría a ti y a tus hijos para que ellos la entreguen a sus hijos por generaciones; es una sabiduría que está por encima de sus pensamientos.
3. Aquellos que la comprendan no dormirán, sino que prestarán oído para que puedan aprender esta sabiduría, y a quienes la coman, ella les gustará más que un alimento exquisito.
4. Dichosos todos los justos; dichosos todos los que caminan por el camino de la justicia y que no pecan como los pecadores en el cálculo de los días: cuando el sol recorre los cielos, entra y sale por cada puerta durante treinta días, junto con los jefes de los mil del orden de las estrellas, añadiendo los cuatro días que son intercalados para separar

las cuatro partes del año, las cuales los guían y entran con ellas cuatro días.

5. Debido a ello los hombres se equivocan y no los cuentan dentro del cálculo completo del año, están en el error y no lo reconocen debidamente,
6. porque ellos se hallan incluidos en el cálculo de los años y están verdaderamente asignados para siempre, uno a la primera puerta, otro a la tercera, otro a la cuarta y otro a la sexta, y el año está completo en trescientos sesenta y cuatro días.
7. El cálculo de ellos es correcto y su cuenta registrada, exacta, de las luminarias, meses, fiestas, años y días; me lo ha mostrado y revelado Uriel, a quien el Señor de la creación del mundo ha subordinado las huestes de los cielos.
8. Él tiene poder sobre la noche y sobre el día, para hacer brillar la luz sobre los humanos: el sol, la luna, las estrellas y todas las potencias de los cielos que giran sobre sus órbitas.
9. Ésta es la ley de las estrellas con relación a sus constelaciones, sus lunas nuevas y sus signos.
10. Éstos son los nombres de quienes las guían, de quienes vigilan que entren en su tiempo, en orden en su estación, en su mes, en su período, con su potencia y en su posición.
11. Sus cuatro guías, quienes dividen las cuatro partes del año, entran primero, luego los doce jefes de la clase que separan los meses, y para los trescientos sesenta días están los jefes de millar, dividiendo los días, y por los cuatro que son intercalados están quienes, como guías, dividen las cuatro partes del año.
12. Los jefes de millar están intercalados entre guía y guía, cada uno tras una estación, las que sus guías separan.
13. Y he aquí los nombres de los guías que separan las cuatro partes del año fijadas: Melkiel, Elímelek, Melayal y Narel.

14. Y los nombres de los que los guían son: Adnarel, Lyasusael y Lyelumiel; estos tres son los que siguen a los jefes de órdenes, y hay uno que viene detrás de los tres jefes de órdenes que siguen a los jefes de las estaciones, que separan las cuatro estaciones del año.
15. A la cabeza del año se levanta el primero y reina Melkiel, cuyo nombre es Tamaani y sol; y todos los días que están en su poder, sobre los cuales él domina, son noventa y un días.
16. Y he aquí los signos de los días que aparecen sobre la tierra en el tiempo de su poder: calor, conflagración y calma; y todos los árboles llevan frutos, y las hojas crecen sobre todos los árboles; y la mies del trigo, la flor de la rosa, todas las flores que crecen en los campos y los árboles de invierno se secan.
17. Éstos son los nombres de los guías que están por encima de él: Berkiel, Zalbesael y el otro jefe de los mil que está añadido, por el cual se terminan los días de su poder, que tiene por nombre Heloyaseph.
18. El otro guía que viene después de él es Elímelek, que es llamado sol brillante, y todos los días de su luz son en número noventa y un días.
19. Y he aquí los signos de estos días sobre la tierra: calor y sequedad, los árboles maduran sus frutos y dan todos sus frutos maduros y a punto; los rebaños se unen y ellas conciben, se recogen todos los frutos de la tierra y todo lo que hay en los campos y se hace el prensado del vino; y esto tiene lugar en los días de su poder.
20. Y he aquí los nombres y los órdenes y los guías de los jefes de los mil: Gedael, Keel y Heel. Y el nombre de los jefes de los mil que le está añadido es Asfael. Y los días de su poder son terminados.

Libro de los Sueños

Primer sueño de Enoc

Capítulo LXXXIII

VISIÓN DE LA DESTRUCCIÓN DE LA TIERRA

1. Ahora, Matusalén, hijo mío, te manifestaré todas las visiones que he tenido y las recapitularé ante ti.
2. Tuve dos visiones antes de casarme, la una bastante diferente de la otra: la primera, cuando aprendía a escribir y la segunda, antes de tomar a tu madre. Tuve una visión terrible y al observarla oré al Señor.
3. Yo estaba acostado en la casa de mi abuelo Malaleel y vi en una visión cómo el cielo se colapsaba, se soltaba y caía sobre la tierra.
4. Cuando cayó sobre la tierra, vi ésta devorada por un gran abismo, montañas suspendidas sobre montañas, colinas abatidas sobre colinas y los grandes árboles separados de sus troncos, arrojados y hundidos en el abismo.
5. Entonces una palabra cayó en mi boca; alcé mi voz para gritar y dije: «¡La tierra está destruida!».

6. Entonces mi abuelo Malaleel me despertó, pues yo estaba acostado cerca de él, y me preguntó: «¿Por qué gritas así, hijo mío, por qué profieres semejante lamento?».
7. Le conté toda la visión que había tenido y me dijo: «Así como tú has visto una cosa terrible, hijo mío, ya que es terrible la visión de tu sueño sobre los misterios de todos los pecados de la tierra, así la tierra está a punto de ser devorada por el abismo y aniquilada por una gran destrucción.
8. »Ahora, hijo mío, levántate y ruega al Señor de gloria, ya que tú eres fiel, para que permanezca un resto sobre la tierra y que Él no la aniquile completamente.
9. »Hijo mío, desde el cielo vendrá todo eso sobre la tierra y sobre ella habrá una gran ruina».
10. Después de que me levanté, oré, imploré y supliqué, y escribí mi oración para las generaciones del mundo; y te mostraré todas estas cosas a ti, Matusalén, hijo mío.
11. Cuando bajé, miré al cielo y vi el sol salir por el oriente, la luna ocultarse por el occidente, algunas estrellas, la totalidad de la tierra y todas las cosas que Él ha creado desde el principio; entonces bendije al Señor del juicio y lo ensalcé porque Él hace salir el sol por las ventanas del oriente, de manera que ascienda, brille en la faz del cielo, vaya y se mantenga por el camino que Él le ha señalado.

Capítulo LXXXIV

Oración para preservar un resto

1. Levanté mis manos en justicia, bendije al Santo y al grande y hablé con el aliento de mi boca y con la lengua de carne que Dios ha hecho para los hijos de carne del hombre,

para que la utilicen al hablar; les ha dado un aliento, una lengua y una boca para que hablen con ellas.

2. «Bendito seas, oh Señor, Rey grande y poderoso en tu grandeza, Rey de reyes, Señor de todo el universo. Tu poder, reinado y grandeza permanecen para siempre; tu dominio, por todas las generaciones; los cielos son tu trono eterno y la tierra el escabel de tus pies por los siglos de los siglos.
3. »Porque eres tú quien ha creado y quien gobierna todas las cosas, no hay obra que sea difícil para ti; la sabiduría no se aleja de tu trono ni se va de tu presencia. Tú sabes, ves y oyes todas las cosas, nada está oculto para ti, porque todo lo ves.
4. »Ahora los ángeles del cielo son reos de pecado y sobre la carne del hombre recae tu cólera hasta el gran día del juicio.
5. »Ahora, oh Dios, Señor y gran Rey, imploro y suplico que aceptes mi oración, que me dejes una descendencia sobre la tierra, que no aniquiles toda carne humana, que no vacíes la tierra y que la destrucción no sea eterna.
6. »Ahora pues, oh Señor, extermina de la tierra la carne que ha despertado tu cólera, pero establece la carne de justicia y rectitud como una planta de semilla eterna y no ocultes tu rostro de la oración de tu siervo, ¡oh Señor!».

Segundo sueño de Enoc. Historia del mundo

Capítulo LXXXV

ADÁN Y EVA. CAÍN, ABEL Y SETH

1. Después de eso tuve otro sueño y todo ese sueño te lo voy a mostrar, hijo mío.
2. Enoc levantó la voz y habló a su hijo Matusalén. A ti quiero hablarte, hijo mío, escucha mis palabras y pon atención a la visión del sueño de tu padre.
3. Antes de tomar a tu madre, Edna, tuve una visión sobre mi cama, y he ahí que un toro salía de la tierra y ese toro era blanco. Tras el toro salió una novilla y con ella dos terneros, uno de los cuales era negro y el otro rojo.
4. Entonces el ternero negro golpeó al rojo, le persiguió sobre la tierra y a partir de allí no pude ver ese ternero rojo.
5. Luego el ternero negro creció, esa novilla se fue con él y vi salir de él numerosos bueyes que se le semejaban y le seguían.
6. Y esa primera novilla se alejó del primer toro para buscar al ternero rojo, pero no lo encontró, profirió por él un gran lamento y lo buscó.
7. Vi que vino el primer toro y la hizo callar, y no volvió a gritar.
8. Ella parió en seguida otro toro blanco y, después de éste, parió numerosos toros y vacas negros.
9. Vi en mi sueño crecer a este toro blanco hasta llegar a ser un gran toro blanco, del cual salieron numerosos toros blancos semejantes a él.

10. Y ellos comenzaron a engendrar numerosos toros blancos que se les parecían y se seguían el uno al otro.

Capítulo LXXXVI
La caída de los hijos de Dios. Los gigantes

1. De nuevo estuve fijando mis ojos en el sueño y vi el cielo por encima; he aquí que una estrella cayó del cielo en medio de los toros grandes, y comió y pastoreó en medio de ellos.
2. Entonces vi estos toros grandes y negros; todos ellos intercambiaban sus pastos, establos y becerros, y comenzaron a vivir unos con otros.
3. Observé de nuevo en mi sueño y miré hacia el cielo; he aquí que muchas estrellas descendían y caían del cielo en medio de la primera estrella; eran transformadas en toros en medio de aquellos becerros, y pastaban con ellos y entre ellos.
4. Los miré y vi cómo todos sacaron su miembro sexual como caballos y montaron a las vacas de los toros; todas quedaron preñadas y parieron elefantes, camellos y asnos.
5. Todos los toros les tenían miedo, se aterrorizaron con ellos y comenzaron a morder con sus dientes, a devorar y a cornear.
6. Y además comenzaron a devorar a esos toros y he aquí que todos los hijos de la tierra se pusieron a temblar, a espantarse ante ellos y a huir.

Capítulo LXXXVII

El grito de la tierra

1. Nuevamente vi cómo comenzaban a golpearse el uno al otro y a devorarse el uno al otro, y la tierra se puso a gritar.
2. Después elevé de nuevo mis ojos al cielo y tuve una visión; hela aquí: salieron del cielo seres parecidos a hombres blancos, salieron cuatro de ese lugar y tres con ellos.
3. Así, esos tres que salieron los últimos me tomaron de la mano, me llevaron sobre la generación terrestre hasta un lugar elevado y me mostraron una torre alta construida sobre la tierra; todas las colinas eran más bajas.
4. Me dijeron: «Permanece aquí hasta que hayas visto todo lo que les sucederá a estos elefantes, camellos y asnos, así como a las estrellas, a las vacas y a todos ellos».

Capítulo LXXXVIII

Azazel atado

1. Vi a uno de los cuatro que habían salido primero agarrar la primera estrella que había caído del cielo, atarla de pies y manos, y arrojarla en el abismo profundo, angosto, escarpado y oscuro.
2. Después uno de ellos sacó la espada y se la dio a los elefantes, camellos y asnos; ellos comenzaron a pegarse y herirse el uno al otro y toda la tierra tembló a causa de esto.
3. Seguía observando mi sueño, cuando he aquí que a uno de los cuatro que habían salido le llegó una orden del cielo y él tomó a todas las numerosas estrellas cuyos miembros sexuales eran como los de los caballos, las ató a todas de pies y manos, y las arrojó en un abismo de la tierra.

Capítulo LXXXIX

Desde Noé hasta los setenta pastores. El otro y el libro

1. Uno de los cuatro fue hasta uno de los toros blancos y le enseñó; él construyó para sí un barco y habitó en su interior. Los tres toros entraron con él en el barco, que fue cubierto y techado por encima de ellos.
2. Yo estaba mirando y vi siete chorros echando mucha agua sobre la tierra.
3. He aquí que se abrieron los depósitos de agua del interior de la tierra, y comenzaron a brotar y a subir las aguas sobre ella. Seguí mirando hasta que la tierra fue cubierta por las aguas,
4. por la oscuridad y por la niebla que se cernía sobre ella.
5. Los toros fueron sumergidos, alejados y aniquilados en aquellas aguas.
6. El barco flotó sobre las aguas, pero todos los toros, asnos salvajes, camellos y elefantes se hundieron en ellas.
7. De nuevo vi en mi sueño cómo los chorros de agua desaparecieron del alto techo, las grietas de la tierra fueron niveladas pero otros abismos se abrieron;
8. y el agua empezó a descender por ellos, hasta que la tierra quedó al descubierto, la barca reposó sobre ella, la oscuridad se retiró y apareció la luz.
9. Entonces el toro blanco que se había convertido en hombre salió de esta barca y con él los tres toros, uno de los cuales era blanco y se parecía a ese toro, otro rojo como sangre y el otro negro.
10. Empezaron a engendrar bestias salvajes y aves. Hubo una multitud de toda especie: leones, leopardos, perros, lobos, hienas, cerdos salvajes, zorros, ardillas, jabalís, halcones,

buitres, gavilanes, águilas y cuervos. En medio de ellos nació otro toro blanco.

11. Comenzaron a morderse unos a otros. El toro blanco que había nacido en medio de ellos engendró un asno salvaje y también un becerro blanco. El asno salvaje se multiplicó.
12. El becerro blanco, que había sido engendrado por el toro blanco, engendró un jabalí negro y un carnero blanco. El jabalí engendró muchos jabalís y el carnero, doce ovejas.
13. Cuando estas doce ovejas hubieron crecido, les dieron una oveja de entre ellas a los asnos salvajes, pero esos asnos a su vez la entregaron a los lobos y la oveja creció entre éstos.
14. El carnero guió a todas las once ovejas a habitar y pacer con él entre los lobos, y ellas se multiplicaron y se transformaron en un rebaño de numerosas ovejas.
15. Los lobos empezaron a oprimir al rebaño hasta hacer perecer a sus pequeños y arrojarlos en una corriente de agua. Entonces las ovejas comenzaron a gritar por sus pequeños y a lamentarse ante su Señor.
16. Una oveja que había escapado de los lobos huyó y fue hasta donde los asnos salvajes. Yo miré mientras el rebaño se quejaba y gritaba terriblemente hasta que descendió el Señor del rebaño a la voz de las ovejas; desde su alto santuario fue a su lado y las hizo pacer.
17. Llamó a la oveja que había escapado de los lobos y le habló sobre los lobos, para que los intimara a no tocar más a las ovejas.
18. Y esta oveja fue a hablar a los lobos por orden del Señor; se encontró con otra y se marchó con ella. Fueron y las dos entraron juntas en la asamblea de los lobos, por orden del Señor, les hablaron y les intimaron para que no tocaran más a las ovejas.

19. Desde entonces observé que los lobos oprimieron con más dureza y con todas sus fuerzas a las ovejas, y éstas gritaron fuerte.
20. Y su Señor fue al lado de las ovejas y se puso a golpear a los lobos, y éstos comenzaron a lamentarse; en cambio, las ovejas llegaron a tranquilizarse y desde entonces cesaron de gritar.
21. Vi las ovejas cuando partían de entre los lobos; los ojos de los lobos fueron oscurecidos y salieron persiguiendo a las ovejas con todas sus fuerzas.
22. Pero el Señor de las ovejas fue con ellas conduciéndolas; todas sus ovejas le seguían y su rostro era resplandeciente, glorioso y terrible a la vista.
23. Los lobos comenzaron a perseguir a esas ovejas, hasta que las alcanzaron cerca de un estanque de agua.
24. Pero este estanque se dividió y el agua se levantó de un lado y del otro ante su cara; el Señor los condujo y se colocó Él mismo entre ellos y los lobos.
25. Como esos lobos no veían más a las ovejas, ellas anduvieron en medio de este estanque, y los lobos las persiguieron y corrieron tras ellas en este estanque de agua.
26. Y cuando ellos vieron al Señor de las ovejas, regresaron para huir de su presencia, pero este estanque de agua se cerró, volvió repentinamente a su posición natural y se llenó de agua.
27. Continué mirando hasta que todos los lobos que iban persiguiendo a este rebaño perecieron sumergidos y ahogados, y las aguas los cubrieron.
28. El rebaño se apartó de estas aguas, fue a un lugar desolado en el que no había agua ni hierba, y sus ojos se abrieron y vieron. Miré hasta que el Señor del rebaño los apacentó, les dio agua y hierba, y la oveja fue y los guió.

29. La oveja subió a la cima de una roca elevada; el Señor del rebaño la envió en medio de éste y todas ellas se mantenían a distancia.
30. Entonces miré y he aquí que el Señor del rebaño se alzó frente a éste y su apariencia era potente, grandiosa y terrible; todo el rebaño lo vio y tuvo miedo de Él.
31. Todas las ovejas estaban asustadas y temblando ante Él; le gritaron al cordero que era su segundo y que estaba en medio de ellas: «Nosotras no podemos estar delante del Señor».
32. Entonces se volvió el cordero que las guiaba y subió por segunda vez a la cima de aquella roca. Pero el rebaño comenzó a cegarse y a apartarse del camino que les había señalado, sin que el cordero supiera tales cosas.
33. El Señor del rebaño se enfureció mucho contra éste, el cordero lo supo, descendió de la cima de aquella roca, fue al rebaño y encontró a la mayoría de las ovejas cegadas y extraviadas.
34. Cuando lo vieron, comenzaron a atemorizarse delante de Él, queriendo volver a sus rediles.
35. El cordero tomó con él a otras ovejas, fue al rebaño, y degollaron a todas las extraviadas y comenzaron a temblar ante Él. Entonces ese cordero hizo regresar a sus rediles a todo el rebaño extraviado.
36. Continué viendo este sueño hasta que este cordero se transformó en hombre, construyó un campamento para el Señor del rebaño y llevó a todas las ovejas a este campamento.
37. Seguí mirando hasta que se durmió esa oveja que se había unido al cordero que dirigía al rebaño. Observé hasta que todas las ovejas mayores hubieron perecido y se levantaron en su lugar unas menores, que entraron en un pastizal y se acercaron a un río.

38. Después, la oveja que los guiaba y que se había convertido en hombre fue separada de ellas, se durmió y todas las ovejas la buscaron y lloraron por ella con grandes lamentos.
39. Vi hasta que terminaron de llorar por esta oveja. Después atravesaron este río y vinieron otras ovejas que las guiaron en lugar de las que se durmieron después de haberlas guiado.
40. Vi las ovejas hasta que entraron en una región hermosa, en una tierra agradable y espléndida. Vi esas ovejas hasta que fueron saciadas, y ese campamento estaba entre ellas en esa tierra agradable.
41. Tan pronto como abrían los ojos se cegaban, hasta que se levantó otra oveja que las guió, las condujo a todas y se abrieron sus ojos.
42. Los perros, los zorros y los jabalís salvajes se pusieron a devorarlas hasta que el Señor de las ovejas levantó un carnero de en medio de ellas para guiarlas.
43. Ese carnero comenzó a embestir de un lado y de otro a esos perros, zorros y jabalís, hasta que hizo perecer a todos ellos.
44. Esa oveja cuyos ojos fueron abiertos vio que al carnero que estaba entre las ovejas lo abandonaba su gloria y comenzaba a embestir a las ovejas, a pisotearlas y a comportarse en forma indebida.
45. Entonces el Señor de las ovejas envió al cordero a otro cordero y lo ascendió para que fuera un carnero y dirigiera a las ovejas en lugar del carnero que había abandonado su gloria.
46. Fue a su lado, le habló en secreto y lo ascendió a carnero, lo hizo juez y pastor de las ovejas, pero durante todos estos acontecimientos, los perros oprimían a las ovejas.

47. El primer carnero persiguió al segundo, y este segundo salió y huyó de su presencia, pero vi hasta que los perros abatieron a aquel primer carnero.
48. Después ese segundo carnero se levantó, condujo a las ovejas, engendró numerosas ovejas y luego se durmió. Una pequeña oveja se convirtió en carnero, y fue el juez y el líder en su lugar.
49. Esas ovejas crecieron y se multiplicaron, y todos esos perros, zorros y jabalís tuvieron miedo y huyeron lejos. Este carnero embistió y mató a todas las bestias salvajes, y esas bestias no tuvieron más poder entre las ovejas ni las guiaron más.
50. Esa casa llegó a ser grande y amplia, y fue edificada por esas ovejas. Una torre elevada y grande fue construida sobre la casa, para el Señor de las ovejas. El campamento era bajo, pero la torre muy alta; el Señor de las ovejas se mantenía sobre ella y ofrecieron ante Él una mesa llena.
51. Después vi a esas ovejas errar de nuevo, ir por una multitud de caminos y abandonar su casa. El Señor de las ovejas llamó de entre ellas a algunas y las envió al lado de las ovejas, pero éstas comenzaron a asesinarlas.
52. Pero una de ellas fue salvada y no fue muerta, salió y gritó a causa de las ovejas y ellas quisieron matarla, pero el Señor de las ovejas la salvó de entre las manos de las otras, la hizo subir y habitar cerca de mí.
53. Él envió sin embargo muchas otras ovejas a esas ovejas para testificarles y para lamentarse sobre ellas.
54. Y después las vi abandonar la casa del Señor y su torre. Ellas erraban en todo y sus ojos estaban cerrados. Y vi al Señor de las ovejas hacer una gran carnicería con ellas en sus pastos, hasta que estas ovejas hubieron apelado a esa carnicería y entregado su lugar.

55. Él las abandonó en las manos de los leones y los tigres, de los lobos y las hienas, de los zorros y de todas las bestias salvajes, que comenzaron a despedazarlas.
56. Las vi abandonar su casa y su torre, y entregarlas a los leones para que las destrozaran y las devoraran.
57. Me puse a gritar con todas mis fuerzas y a llamar al Señor de las ovejas, y le hice ver que las ovejas eran devoradas por todas las bestias salvajes.
58. Pero Él permaneció impasible; cuando las vio se alegró al ver que eran devoradas, tragadas y robadas, y las abandonó para que fueran pasto de las bestias.
59. Él llamó a setenta pastores, les entregó a esas ovejas para que las llevaran a pastar y les dijo a ellos y a sus acompañantes: «Que cada uno de vosotros lleve de ahora en adelante las ovejas a pacer y todo lo que os ordene, hacedlo.
60. »Os las entregaré debidamente contadas y os diré cuáles deben ser destruidas. A ésas, hacedlas perecer». Y les entregó aquellas ovejas.
61. Después llamó a otro y le dijo: «Observa y registra todo lo que los pastores hacen a estas ovejas, ya que ellos destruyen más de las que yo les he mandado;
62. »registra todo exceso y destrucción que sea ejecutado por los pastores: cuántas destruyen de acuerdo con mi orden y cuántas de acuerdo con su propio capricho. Pon en la cuenta de cada pastor la destrucción que efectúe.
63. »Lee luego el resultado ante mí: cuántas destruyeron y cuántas les entregué para su destrucción. Que esto pueda ser un testimonio contra ellos para saber toda acción de los pastores, que yo los evalúe, y vean lo que hacen y si se atienen o no a lo que les he ordenado.
64. »Pero ellos no deben enterarse, no debes contárselo ni advertirles, sino solamente anotar cada destrucción que

los pastores ejecuten, una por una y al momento, y exponer todo eso ante mí».

65. Vi cuando esos pastores pastorearon en su tiempo y comenzaron a matar y destruir más ovejas de las que fueron ofrecidas. Las entregaron en manos de los leones.
66. Los leones y los tigres devoraron gran parte de esas ovejas y los jabalís comieron junto con ellos. Ellos quemaron esa torre y demolieron esa casa.
67. Me entristecí muchísimo por esa torre porque la casa de las ovejas fue demolida y ya no pude ver si ellas entraban en esa casa.
68. Los pastores y sus cómplices entregaron esas ovejas a todas las bestias salvajes, para que las devoraran, pero cada uno de ellos había recibido un número determinado y fue anotado para cada uno de ellos, por el otro, en un libro, cuántas de ellas habían destruido.
69. Cada uno mataba y destruía más de las que fueron ordenadas, y yo comencé a llorar y a lamentarme por causa de esas ovejas.
70. Entonces en la visión observé al que escribía, cómo anotaba cada una que era destruida por esos pastores día por día. Él llevó y expuso todo su libro, y mostró al Señor de las ovejas todo lo que realmente habían hecho ellos, todo lo que cada uno había hecho y todas las que habían entregado a la destrucción.
71. Y el libro fue leído ante el Señor de las ovejas y Él tomó el libro en su mano, lo leyó, lo selló y lo archivó.
72. Tras eso, vi que los pastores las llevaban a pastar durante doce horas, y he aquí que tres de esas ovejas regresaron; arribaron, entraron y empezaron a edificar todo lo que se había derrumbado de esa casa, pero los jabalís se lo impidieron y ellas no fueron capaces de hacerlo.

73. Después, comenzaron de nuevo a construir, como antes elevaron la torre, que fue llamada torre alta, y empezaron de nuevo a colocar una mesa ante la torre, pero todo el pan que había estaba contaminado e impuro.
74. Acerca de todo esto los ojos de esas ovejas estaban cegados y no veían; sus pastores tampoco y Él las entregó para una mayor destrucción a sus pastores, que las pisotearon con sus pies y las devoraron.
75. El Señor de las ovejas se mantuvo indiferente hasta que todas las ovejas fueron dispersadas por el campo y se mezclaron con ellas, y ellos no las salvaron de las manos de las bestias.
76. El que había escrito el libro lo trajo, lo mostró y lo leyó ante el Señor de las ovejas; le imploró y suplicó por cuenta de ellas, le mostró todos los actos de los pastores y dio testimonio ante Él contra ellos.
77. Y, tomando el libro, lo depositó junto a Él y se fue.

Capítulo XC

Primera reforma y restauración. Juicio de los setenta pastores

1. Observé en esta forma hasta que treinta y cinco pastores emprendieron el pastoreo y cumplieron estrictamente sus turnos: desde el primero, cada uno las fue recibiendo en sus manos, a fin de apacentarlas cada pastor en su turno respectivo.
2. Después de esto, en una visión vi venir a todas las aves rapaces del cielo: águilas, buitres, gavilanes y cuervos; las águilas guiaban a todas esas aves y se pusieron a devorar a estas ovejas, a picarles los ojos y a devorar sus carnes.

3. Las ovejas gritaron porque su carne estaba siendo devorada por las aves. Yo miraba y me lamentaba en mi sueño por el pastor que apacentaba las ovejas.
4. Observé hasta que esas ovejas fueron devoradas por las águilas, los gavilanes y los buitres, que no les dejaron ninguna carne, ni piel, ni tendones, y no les quedaron más que los huesos, hasta que éstos también cayeron al suelo y las ovejas llegaron a ser muy pocas.
5. Vi cuando veintitrés pastores habían apacentado y cumplido estrictamente sus turnos cincuenta y ocho veces.
6. He aquí que unos corderos nacieron de esas ovejas blancas, y llegaron a abrir sus ojos y ver, y les balaron a las ovejas
7. y les gritaron, pero ellas no escucharon lo que decían porque estaban extremadamente sordas, demasiado ciegas y cada vez peor.
8. Contemplé en la visión cómo los cuervos volaban sobre estos corderos, agarraban a uno de ellos, despedazaban a las ovejas y las devoraban.
9. Observé hasta que retoñaron los cuernos de estos corderos y los cuervos se los hacían caer, y vi que allí un gran cuerno retoñó en una de estas ovejas y sus ojos se abrieron.
10. Ella los miró, les gritó a las ovejas, y los carneros la vieron y acudieron todos a su lado.
11. A pesar de esto, todas las águilas, buitres, cuervos y gavilanes seguían arrebatando las ovejas, se echaban sobre ellas y las devoraban. Ellas permanecían en silencio, pero los carneros gritaban y se lamentaban.
12. Luego estos cuervos lucharon y batallaron con ella, y quisieron tumbar su cuerno, pero no pudieron hacerlo.
13. Vi que hasta que vinieron los pastores, las águilas, los buitres y los gavilanes vinieron y les gritaron a los cuervos que rompieran el cuerno de ese carnero; lucharon y batallaron

contra él, y él combatió contra ellos y gritó para que acudieran en su ayuda.

14. Vi a ese hombre que había anotado los nombres de los pastores y lo había llevado y presentado ante el Señor de las ovejas que llegó en ayuda de aquel carnero, lo socorrió, lo rescató y le mostró todo.
15. Y vi venir a su lado al Señor de las ovejas, enfurecido; todos los que lo vieron huyeron y se ensombrecieron ante su presencia.
16. Todas las águilas, buitres, cuervos y gavilanes se congregaron y llevaron con ellos a todas las ovejas del campo, se unieron y se conjuraron para hacer pedazos este cuerno del carnero.
17. Vi al hombre que había escrito el libro por orden del Señor abrir el libro acerca de la destrucción que habían ejecutado los doce últimos pastores y revelar ante el Señor que ellos habían destruido mucho más que sus predecesores.
18. Y vi cuando el Señor de las ovejas fue junto a ellas, tomó en sus manos la vara de su cólera, golpeó la tierra, ésta se resquebrajó, y todas las bestias y las aves del cielo cayeron lejos de estas ovejas y fueron engullidas por la tierra, que se cerró sobre ellas.
19. Observé el momento en que una gran espada fue entregada a las ovejas y ellas procedieron contra todas las fieras del campo para matarlas, y todas las bestias y las aves huyeron de su presencia.
20. Vi cuando un trono fue erigido sobre la tierra agradable, el Señor de las ovejas se sentó sobre él y el otro tomó los libros sellados y los abrió ante el Señor de las ovejas.
21. El Señor llamó a esos hombres blancos, los siete primeros, y mandó que llevaran ante Él, comenzando por la primera estrella que las guiaba, a todas las estrellas cuyo miembro

sexual era como el de los caballos, y ellos las llevaron a todas ante Él.

22. Luego, habló al hombre que escribía ante Él, uno de los siete hombres blancos, y le dijo: «Toma esos setenta pastores a quienes había encomendado las ovejas y que después de haberlas recibido degollaron a muchas más de las que se les había mandado».
23. He aquí que los vi a todos encadenados y todos se postraron ante Él.
24. El juicio recayó en primer lugar sobre las estrellas; fueron juzgadas, encontradas culpables, enviadas al lugar de condenación y arrojadas a un abismo lleno de fuego, llamas y columnas de fuego.
25. Entonces los setenta pastores fueron juzgados, encontrados culpables y arrojados al abismo ardiente.
26. Vi en ese momento como un precipicio que se estaba abriendo en medio de la tierra. Llevaron a aquellas ovejas ciegas hasta allí y todas fueron juzgadas, encontradas culpables y arrojadas en semejante abismo de fuego; ellas ardieron en ese precipicio que estaba a la derecha de esa casa.
27. Vi arder a esas ovejas y sus huesos también ardían.
28. Me levanté para ver cómo Él desarmó esa vieja casa, se llevó todas sus columnas, vigas y adornos de la casa que fueron retirados al mismo tiempo, y se los llevaron y los pusieron en un lugar al sur de la tierra.
29. Vi cuando el Señor de las ovejas trajo una nueva casa, más grande y alta que la primera, y la puso en el sitio de la primera que había sido desarmada. Y todas sus columnas eran nuevas y sus adornos también eran nuevos y mayores que los de la primera casa vieja que se había llevado. Todas las ovejas estaban dentro.

30. Vi a todas las ovejas que quedaban, a las bestias de la tierra y a las aves del cielo inclinarse para rendir homenaje a estas ovejas, suplicarles y obedecerlas en todas las cosas.
31. Luego esos tres que estaban vestidos de blanco, aquellos que me habían elevado antes, me tomaron de la mano; también el carnero me tomó la mano y me hicieron subir y sentar en medio de estas ovejas, antes de que tuviera lugar el juicio.
32. Estas ovejas eran todas blancas, y su lana abundante y pura.
33. Y todas las que habían sido destruidas o dispersadas por las bestias del campo y las aves del cielo se congregaron en esta casa y el Señor de las ovejas se regocijó con gran alegría porque todas eran buenas y porque habían regresado a su casa.
34. Vi cuando las ovejas depusieron esa espada que les había sido dada: la llevaron a la casa y la sellaron en presencia del Señor. Y todas las ovejas fueron invitadas a esta casa aunque no cabían.
35. Sus ojos fueron abiertos y ellas vieron bien; no hubo ninguna de ellas que no viera.
36. Vi que esta casa era grande, amplia y estaba completamente llena.
37. Observé que un toro blanco nació; sus cuernos eran grandes, y todas las bestias del campo y todas las aves del cielo le temían y le suplicaban a toda hora.
38. Vi cuando fueron cambiadas todas sus especies y todos se convirtieron en toros blancos; el primero entre ellos se transformó en un cordero que llegó a ser un gran búfalo con dos cuernos negros sobre la cabeza. El Señor de las ovejas se regocijó sobre él y sobre todos los toros.

39. Yo estaba dormido en medio de ellos y me desperté después de haberlo visto todo.
40. Tal es la visión que tuve cuando estaba durmiendo, y cuando me desperté bendije al Señor de Justicia y lo glorifiqué.
41. Entonces lloré mucho y sin contener mis abundantes lágrimas hasta más no poder; cuando yo miraba se deslizaban sobre lo que veía porque todo ocurrirá y se cumplirá, ya que uno tras otro me fueron revelados todos los actos de los hombres.
42. Esa noche recordé mi primer sueño, y lloré y me angustié porque había tenido esa visión.

Libro de las Semanas (carta de Enoc)

Capítulo XCI

La visión de las semanas

1. Ahora, hijo mío, Matusalén, convoca en torno a mí a todos tus hermanos, reúne a mi alrededor a todos los hijos de tu madre, porque la palabra me llama y el espíritu se ha vertido sobre mí, para que os revele todo lo que pasará, hasta la eternidad.
2. Así, Matusalén fue, se juntó con todos sus hermanos y congregó a sus parientes;
3. y Enoc les habló a todos los hijos de justicia y les dijo: «Oíd, hijos de Enoc, todas las palabras de vuestro padre y atended la palabra de mi boca, pues es a vosotros a quienes exhorto y digo bienamados, amad la justicia y caminad con ella.
4. »No os acerquéis a la justicia con un corazón doble ni os asociéis con los de doble corazón; caminad con rectitud, hijos míos; ella os guiará por buenos caminos y la justicia os acompañará.
5. »Sé que la violencia se incrementa sobre la tierra. Un gran castigo va a ejecutarse sobre ella y toda injusticia será

exterminada, cortada de raíz y sus estructuras serán completamente demolidas.

6. »La injusticia va a ser consumada de nuevo sobre la tierra y todas las acciones de injusticia, opresión y transgresión se duplicarán y prevalecerán.
7. »Pero cuando toda clase de obras de pecado, injusticia, blasfemia y violencia se hayan incrementado y la apostasía, la desobediencia y la impureza aumenten, un gran castigo del cielo vendrá sobre la tierra, y el Señor santo vendrá con ira y castigo sobre la tierra para ejecutar el juicio.
8. »En esa época la violencia será cortada de raíz, y las raíces de la injusticia y del engaño serán destruidas bajo el cielo.
9. »Todos los ídolos de las naciones y sus templos serán abandonados, quemados con fuego y desterrados de toda la tierra.
10. »Los justos se levantarán de sus sueños, la sabiduría surgirá y les será dada, y la tierra descansará por todas las generaciones futuras.
11. »Y ahora voy hablaros, hijos míos, para mostraros todos los caminos de justicia y todos los caminos de violencia, y de nuevo os los mostraré para que sepáis lo que va a ocurrir.
12. »Ahora pues, hijos míos, escuchadme, y escoged los caminos de justicia y rechazad los de la violencia, porque todos los que van por el camino de la injusticia marchan hacia la destrucción completa».

Capítulo XCII

Escrito para futuras generaciones

1. Esto es lo que escribió Enoc y entregó a Matusalén, su hijo, y a todos los que habitan la tierra firme para que obren el bien y la paz:
2. «No os angustiéis en vuestro espíritu a causa de los tiempos, porque el Gran Santo ha dado un tiempo para todo.
3. »Los justos se levantarán de su sueño y avanzarán por senderos de justicia, y todos sus caminos y palabras serán de rectitud y gracia.
4. »Él otorgará la gracia a los justos y les dará su eterna justicia y su poder; Él permanecerá en bondad y justicia, y marchará con luz eterna.
5. »En cambio, el pecado se perderá en las tinieblas para siempre y no aparecerá más desde ese día hasta la eternidad».

Capítulo XCIII

La visión de las semanas. ¿Quién?

1. Enoc reanudó su discurso diciendo:
2. «A propósito de los hijos de la justicia y acerca del Elegido del mundo, que ha crecido de una planta de verdad y de justicia, yo mismo os hablaré y os lo daré a conocer, hijos míos, según he entendido y se me ha revelado todo por una visión celestial y por la voz de los Guardianes y los Santos. En las tablas celestiales he leído y entendido todo».
3. Continuó hablando Enoc, y dijo: «Yo, Enoc, nací el séptimo, en la primera semana, en la época en que la justicia aún era firme.

4. »Después de mí, vendrá la semana segunda en la que crecerán la mentira y la violencia, y durante ella tendrá lugar el primer final, y entonces un hombre será salvado. Y cuando esta semana haya acabado, la injusticia crecerá, y Dios hará una ley para los pecadores.
5. »Después, hacia el final de la tercera semana, un hombre será elegido como planta de juicio justo, tras de lo cual crecerá como planta de justicia para la eternidad.
6. »Luego, al terminar la cuarta semana, las visiones de los santos y de los justos aparecerán, y será preparada una ley para generaciones de generaciones y un cercado.
7. »Más tarde, al final de la quinta semana, una casa de gloria y poder será edificada para la eternidad.
8. »A continuación, en la sexta semana, los que vivirán durante ella serán enceguecidos y su corazón, infielmente, se alejará de la sabiduría. Entonces un hombre subirá al cielo y al final de esta semana, la casa de dominación será consumida por el fuego y será dispersado todo el linaje de la raíz escogida.
9. »Luego, en la séptima semana surgirá una generación perversa; numerosas serán sus obras, pero todas estarán en el error.
10. »Y al final de esta semana serán escogidos los elegidos como testigos de la verdad de la planta de justicia eterna. Les será dada sabiduría y conocimiento por septuplicado.
11. »Ellos, para ejecutar el juicio, arrancarán de raíz las causas de la violencia y en ellas la obra de la falsedad.
12. »Después de esto vendrá la octava semana, la de la justicia, en la cual se entregará una espada a todos los justos para que juzguen justamente a los opresores, que serán entregados en sus manos.

13. »Y al final de esta semana los justos adquirirán honestamente riquezas y será construido el templo de la realeza de El Grande, en su esplendor eterno, para todas las generaciones.
14. »Tras esto, en la novena semana se revelarán la justicia y el juicio justo a la totalidad de los hijos de la tierra entera; todos los opresores desaparecerán totalmente de la tierra y serán arrojados al pozo eterno, y todos los hombres verán el camino justo y eterno.
15. »Después de esto, en la décima semana, en su séptima parte, tendrá lugar el Juicio Eterno. Será el tiempo del Gran Juicio y Él ejecutará la venganza en medio de los santos.
16. »Entonces el primer cielo pasará, aparecerá un nuevo cielo y todos los poderes de los cielos se levantarán brillando eternamente siete veces más.
17. »Y luego de ésta, habrá muchas semanas, cuyo número nunca tendrá fin, en las cuales se obrarán el bien y la justicia. El pecado ya no será mencionado jamás».
18. ¿Quién entre todos los humanos puede escuchar las palabras del Santo sin turbarse, comprender su mandamiento del Señor o imaginar sus pensamientos?
19. ¿O quién entre todos los humanos puede contemplar todas las obras de los cielos o las columnas angulares sobre las que descansan? ¿Y quién ve un alma o un espíritu y puede volver para contarlo? ¿O subir y ver todos sus confines y pensar u obrar como ellos?
20. ¿O quién entre los hijos de los hombres puede conocer y medir cuál es la longitud y la anchura de toda la tierra? ¿O a quién se le han mostrado todas sus dimensiones y su forma?

21. ¿Quién entre todos los humanos puede conocer cuál es la longitud de los cielos y cuál es su altura, o cómo se sostienen o cuán grande es el número de las estrellas?

Capítulo XCIV

Justicia contra el fraude. El reproche

1. Ahora os digo, hijos míos: «Amad la justicia y caminad en ella, porque los caminos de la justicia son dignos de ser aceptados, pero los caminos de la iniquidad serán destruidos y desaparecerán.
2. »A los hijos de los hombres de cierta generación les serán mostrados los caminos de la violencia y de la muerte; se mantendrán lejos de ellos y no los seguirán».
3. Y ahora a vosotros, justos, os digo: «No andéis por un mal camino, ni por los caminos de muerte, y no os acerquéis a ellos, para no perecer.
4. »Sino buscad y escoged para vosotros la justicia y una vida excelente, y caminad por los senderos de la paz para vivir y ser felices.
5. »Y retened mi palabra en la reflexión de vuestro corazón, que ella no se borre de vuestro corazón; porque sé que los pecadores tentarán a los hombres para que cambien la sabiduría en mal, para que no se la encuentre (a la sabiduría) y ninguna prueba disminuirá.
6. »Desgracia para los que edifican la iniquidad y la opresión y cimientan sobre el fraude, porque serán derrumbados de repente y no habrá paz para ellos.
7. »Desgracia para los que edifican sus casas por el pecado, porque de todos sus cimientos serán arrancados y caerán

bajo la espada, y los que poseen el oro y la plata perecerán de repente en el juicio.

8. »Desgracia para vosotros, ricos, porque habéis confiado en vuestras riquezas, de ellas seréis despojados a causa de que vosotros no os habéis acordado del Altísimo en la época de vuestra riqueza.
9. »Los que poseéis el oro y la plata pereceréis repentinamente en el juicio.
10. »Habéis blasfemado y cometido injusticia, y estáis maduros para el día de la matanza y la oscuridad, para el día del gran juicio.
11. »Os digo y os anuncio que quien os ha creado os derrocará y sobre vuestra ruina no habrá misericordia, pues vuestro Creador se alegrará de vuestra destrucción.
12. »Y vosotros, justos, en esos días seréis un reproche para los pecadores y los impíos.

Capítulo XCV
Desgracia de los pecadores

1. »¡Oh, si mis ojos fueran aguas y yo pudiera llorar sobre vosotros, extendería mis lágrimas como nubes y podría consolar mi angustiado corazón!
2. »¿Quién os ha permitido hacer ofensas y practicar maldades? El juicio os alcanzará a vosotros, pecadores.
3. »No temáis a los pecadores, oh justos, porque el Soberano del Universo los entregará de nuevo en vuestras manos para que vosotros los juzguéis a gusto.
4. »¡Desgracia para vosotros que lanzáis anatemas que no se pueden romper; el remedio está lejos de vosotros a causa de vuestros pecados!

5. »¡Desgracia para vosotros, que devolvéis el mal a vuestro prójimo, porque seréis tratados de acuerdo con vuestras obras!
6. »¡Desgracia para vosotros, testigos falsos, y para quienes pesáis el precio de la injusticia, porque pereceréis repentinamente!
7. »¡Desgracia para vosotros, pecadores que perseguís a los justos, porque vosotros mismos seréis entregados y perseguidos a causa de esa injusticia, y el peso de su yugo caerá sobre vosotros!.

Capítulo XCVI

Otras desgracias para los pecadores

1. »Tened esperanza, oh justos, porque repentinamente perecerán los pecadores ante vosotros, y tendréis dominio sobre ellos de acuerdo con vuestro deseo.
2. »En el día de la tribulación de los pecadores, vuestros hijos ascenderán y volarán como águilas, y vuestro nido estará más alto que el de los cóndores; como ardillas subiréis y como conejillos podréis entrar en las hendiduras de la tierra y en las grietas de las rocas, lejos para siempre de la presencia de los injustos, que gemirán como sirenas y llorarán a causa de vosotros.
3. »Por tanto, no temáis vosotros los que habéis sufrido, porque la sanación será distribuida entre vosotros, una luz radiante os iluminará y escucharéis del cielo la palabra de descanso.
4. »¡Desgracia para vosotros, pecadores, porque vuestra riqueza os da la apariencia de justos, pero vuestros corazones os

convencen de que sois pecadores, y ello será un testimonio contra vosotros y vuestras malas acciones!

5. »¡Desgracia para vosotros, que devoráis la flor del trigo, que bebéis vino en grandes tazas y que con vuestro poder pisoteáis a los humildes!
6. »¡Desgracia para vosotros, que podéis beber agua fresca en cualquier momento, porque de un momento a otro recibiréis vuestra recompensa: seréis consumidos y exprimidos hasta la última gota, porque rechazasteis la fuente de la vida!
7. »¡Desgracia para vosotros, que forjáis la injusticia, el fraude y la blasfemia, porque contra vosotros habrá un memorial por delitos!
8. »¡Desgracia para vosotros, poderosos que con la violencia oprimís al justo, porque el día de vuestra destrucción está llegando, el día de vuestro juicio está cercano, y en ese tiempo vendrán días numerosos y buenos para los justos.

Capítulo XCVII

Más desgracias para los pecadores

1. »Tened confianza, oh justos, porque los pecadores serán avergonzados y perecerán el día de la iniquidad.
2. »Sabed, pecadores, que el Altísimo está pendiente de vuestra destrucción y que los ángeles del cielo se alegran por vuestra perdición.
3. »¿Qué vais a hacer, pecadores, y a dónde huiréis el día del juicio cuando escuchéis el murmullo de la oración de los justos?
4. »Os irá como a aquellos contra quienes estas palabras serán un testimonio: "Sois cómplices de pecado".

5. »En esos días la oración de los justos llegará hasta el Señor y llegarán los días del juicio para vosotros.
6. »Se leerán ante el Santo y el Justo todas las palabras sobre vuestra injusticia, se os llenará el rostro de vergüenza y Él rechazará toda obra basada en la injusticia.
7. »¡Desgracia para vosotros, pecadores, que estáis en medio del mar o sobre tierra, porque su recuerdo es funesto para vosotros!
8. »¡Desgracia para vosotros que adquirís el oro y la plata con injusticia! Decís: "Hemos llegado a ser ricos, a tener fortuna y propiedades, y hemos conseguido lo que hemos deseado;
9. »realicemos ahora nuestros proyectos, porque hemos acumulado plata, llenado nuestros depósitos hasta el borde, como agua, y numerosos son nuestros trabajadores".
10. »Como agua se derramarán vuestras quimeras, porque vuestra riqueza no permanecerá, sino que súbitamente volará de vosotros, porque la habéis adquirido con injusticia y seréis entregados a una gran maldición.

Capítulo XCIX

Más desgracias

1. »Ahora, juro ante vosotros, para los sabios y para los tontos, que tendréis extrañas experiencias sobre la tierra.
2. »Porque vosotros, los hombres, os pondréis más adornos que una mujer y más ropas de colores que una muchacha. En la realeza, en la grandeza y en el poder; en la plata, en el oro y en el púrpura; en el esplendor y en los manjares, los injustos se extienden como el agua.

3. »Porque carecerán de conocimiento y sabiduría, y a causa de ello serán destruidos junto con sus propiedades, su gloria y su esplendor, con oprobio, mortandad y gran carestía; su espíritu será arrojado dentro de un horno ardiente.
4. »Juro ante vosotros, pecadores, que así como una montaña no se convierte en un esclavo ni una colina en una sirvienta, así el pecado no ha sido enviado sobre la tierra, sino que el hombre lo ha cometido, y cae bajo una gran maldición quien lo comete.
5. »La esterilidad no ha sido dada a la mujer, sino que es por causa de la obra de sus manos por la que muere sin hijos.
6. »Os juro a vosotros, pecadores, por el Santo y el Grande que todas vuestras malas acciones son manifiestas en los cielos y que ninguno de vuestros actos de opresión está oculto o secreto.
7. »No penséis en vuestro espíritu ni digáis en vuestro corazón que no sabíais o no veíais que todo pecador es inscrito diariamente en el cielo ante la presencia del Altísimo.
8. »Desde ahora sabéis que toda la opresión que ejercéis es registrada día a día hasta el día del juicio.
9. »¡Desgracia para vosotros, insensatos, porque seréis perdidos por vuestra necedad! No escuchasteis a los sabios y la buena suerte no será vuestra herencia.
10. »Ahora sabéis que estáis preparados para el día de la destrucción; por eso no esperéis vivir vosotros, pecadores, sino ser apartados y morir; porque vosotros no conoceréis redención, ya que estáis listos para el día del gran juicio, día de la gran tribulación y de la gran vergüenza para vuestros espíritus.

11. »¡Desgracia para vosotros, los de corazón burdo que forjáis la maldad y coméis sangre! ¿De dónde coméis tanto y tan bueno y bebéis y os hartáis si no es de todos los bienes que el Altísimo ha puesto sobre la tierra? Vosotros no tendréis paz.
12. »¡Desgracia para vosotros, que amáis la injusticia! ¿Por qué os prometisteis la felicidad? Sabed que seréis librados a las manos de los justos, que os cortarán la cabeza, os matarán y no tendrán piedad de vosotros.
13. »¡Desgracia para vosotros, que os complacéis por la tribulación de los justos, porque ninguna tumba será excavada para vosotros!
14. »¡Desgracia para vosotros, que tenéis en nada la palabra de los justos, porque no hay para vosotros esperanza de vida!
15. »¡Desgracia para vosotros, que escribís mentiras y palabras impías! Porque escriben sus mentiras para que la gente pueda escucharlas y hagan mal a su prójimo; por eso ellos no tendrán paz, sino que perecerán repentinamente.

Capítulo XCIX

Más desgracias

1. »¡Desgracia para vosotros, que actuáis con impiedad, alabáis la mentira y la ensalzáis: pereceréis y no habrá vida feliz para vosotros!
2. »¡Desgracia para quienes pervierten las palabras de verdad, transgreden la ley eterna y se convierten en lo que no eran: sobre la tierra serán pisoteados!

3. »En esos días, estad listos, oh justos, para elevar vuestras oraciones y ponerlas como testimonio ante los ángeles, para que ellos puedan recordar los pecados de los pecadores ante el Altísimo.
4. »En esos tiempos las naciones se agitarán y las familias de los pueblos se levantarán en el día de la destrucción.
5. »En esos días los miserables saldrán y llevarán a sus hijos; los abandonarán y sus hijos perecerán; abandonarán hasta a sus niños de pecho, no volverán a ellos y no tendrán compasión por sus seres queridos.
6. »De nuevo os juro, pecadores, que el pecado está maduro para el día del incesante derramamiento de sangre.
7. »A los que adoran la piedra, a los que fabrican imágenes de oro, plata, madera o barro y a los que adoran espíritus impuros o demonios y toda clase de ídolos sin discernimiento, a ellos ninguna ayuda les llegará.
8. »Ellos caen en la impiedad por causa de la necedad de sus corazones; sus ojos están enceguecidos al temor de sus corazones y a la visión de sus sueños.
9. »Por eso se vuelven impíos y temibles, porque han forjado con toda su obra un engaño y han adorado la piedra; por ello perecerán en un instante.
10. »En cambio, en esos días, bienaventurados quienes acepten las palabras de sabiduría y las entiendan, sigan los caminos del Altísimo, caminen por los senderos de su justicia y no se conviertan a la impiedad con los impíos; porque ellos serán salvados.
11. »¡Desgracia para vosotros, que difundís la maldad entre vuestro prójimo, porque quedaréis muertos en la tumba!
12. »¡Desgracia para vosotros, que usáis una medida de fraude y de trampa, y que provocáis la amargura sobre la tierra, porque por eso seréis consumidos!

13. »¡Desgracia para vosotros, que edificáis vuestra casa gracias al trabajo de los demás: todos los materiales de construcción son ladrillos y piedras de injusticia, y os digo que no tendréis ni un momento de paz!
14. »¡Desgracia para aquellos que rechazan la mesura y la herencia eterna de sus padres, y cuyas almas siguen luego a los ídolos, porque ellos no tendrán descanso!
15. »¡Desgracia hasta el día del gran juicio para aquellos que obran injusticia, colaboran con la opresión y asesinan a su prójimo!
16. »Porque Él echará por tierra vuestra gloria, causará dolor en vuestros corazones, suscitará su cólera y os destruirá a todos con la espada, y todos los santos y los justos se acordarán de vuestros pecados.

Capítulo C

Desgracia, sangre y fuego para los pecadores

1. »En esos días en un mismo lugar serán castigados juntos los padres y sus hijos, y los hermanos uno con otro caerán en la muerte hasta que corra un río con su sangre.
2. »Porque un hombre no podrá impedir a su mano que asesine a su hijo y a su nieto, ni el pecador podrá impedir a su mano que asesine a su querido hermano; desde el amanecer hasta que el sol se oculte, ellos se degollarán entre sí.
3. »El caballo avanzará hasta que su pecho se bañe en sangre y el carro hasta que su parte superior sea sumergida.
4. »En esos días los ángeles descenderán en un sitio escondido, reunirán en un solo lugar a todos los que han hecho llegar el pecado y en ese día del juicio el Altísimo se

levantará para sentenciar el gran juicio en medio de los pecadores.

5. »Para todos los justos y los santos Él designará Guardianes de entre los santos ángeles; ellos los guardarán como a la niña de un ojo hasta que Él extermine toda maldad y todo pecado, y si los justos duermen un sueño largo, no tendrán nada que temer.
6. »Entonces los hijos de la tierra observarán la sabiduría en seguridad, entenderán todas las palabras de este libro y reconocerán que la riqueza no puede salvarlos de la ruina de su pecado.
7. »¡Desgracia para vosotros si en el día de la terrible angustia atormentáis a los justos o los quemáis con fuego, pues seréis compensados de acuerdo con vuestras obras!
8. »¡Desgracia para vosotros, duros de corazón, que veláis para planificar la maldad, porque el terror se apoderará de vosotros y nadie os ayudará!
9. »¡Desgracia para vosotros, pecadores, por causa de las palabras de vuestra boca y de las obras de vuestras manos, que vuestra maldad ha forjado; os quemaréis en unas llamas ardientes peores que el fuego!
10. »Ahora, sabed que para Él los ángeles del cielo investigarán vuestras acciones, desde el sol, la luna y las estrellas en referencia a vuestro pecado, porque sobre la tierra ya ejecutó el juicio sobre los justos.
11. »Y toda niebla, nube, rocío y lluvia harán testimonio contra vosotros, porque todos ellos rehusarán descender sobre vosotros, y pensarán en vuestros pecados.
12. »Ofreced, pues, presentes a la lluvia para que no se niegue a descender sobre vosotros, y al rocío, si acepta de vosotros el oro y la plata, para que descienda.

13. »Cuando se fundan sobre vosotros la escarcha y la nieve, su frío, todos los torbellinos de nieve y todos sus tormentos, en esos días no podréis manteneros ante ellos.

Capítulo CI
No hay temor de Dios

1. »Hijos del cielo, observad el cielo y toda la obra del Altísimo, temblad ante Él y no obréis el mal en su presencia.
2. »Si Él cierra las ventanas del cielo e impide a la lluvia y al rocío caer sobre vosotros, ¿qué haréis?
3. »Si envía contra vosotros su cólera a causa de todas vuestras obras, no tendréis ocasión de suplicarle. Si pronunciáis contra su justicia palabras soberbias e insolentes, no tendréis paz.
4. »¿No veis a los pilotos cuando son agitados sus navíos por las olas y sacudidos por los vientos y caen en peligro?
5. »A causa de esto temen que todas sus magníficas propiedades se vayan al mar con ellos y hacen malos presagios: temen que el mar los devorará y perecerán allí.
6. »Todo el mar, todas sus aguas y todos sus movimientos ¿no son acaso obra del Altísimo? ¿No ha puesto Él su sello sobre toda su acción y no lo ha encadenado a la arena?
7. »Él tiembla con su reprimenda, y se seca; todos sus peces perecen lo mismo que todo lo que contiene, y vosotros, pecadores, que estáis sobre la tierra, ¡no le teméis!
8. »¿Acaso no ha hecho Él el cielo y la tierra y todo lo que contienen? ¿Quién ha dado la ciencia y la sabiduría a todos los que se mueven en la tierra y en el mar?
9. »Los pilotos de los navíos no le temen al mar y los pecadores no le temen al Altísimo.

Capítulo CII

FUEGO. COMAMOS Y BEBAMOS

1. »En esos días si Él lanza sobre vosotros un fuego terrible, ¿a dónde huiréis y cómo os salvaréis? Y si lanza su palabra sobre vosotros, ¿no estaréis consternados y no temblaréis?
2. »Todas las luminarias serán presa de un gran temor, y la tierra entera estará aterrada, temblará y se alarmará.
3. »Todos los ángeles ejecutarán sus órdenes y buscarán ocultarse a sí mismos de la presencia de la Gran Gloria; los hijos de la tierra temblarán y se estremecerán, y vosotros, pecadores, seréis malditos para siempre y no tendréis paz.
4. »No temáis vosotras, almas de los justos; tened esperanza vosotros que habéis muerto en la justicia.
5. »No os entristezcáis si vuestra alma ha descendido con dolor a la tumba y si a vuestro cuerpo no le ha ido en vida de acuerdo con vuestra bondad. En cambio, esperad el día del juicio de los pecadores, el día de la maldición y el castigo.
6. »Cuando morís, los pecadores dicen de vosotros: "Tal como nosotros estamos muertos, los justos están muertos, ¿qué provecho han sacado de sus obras?
7. »Al igual que nosotros ellos han muerto en la tristeza y en las tinieblas; y ¿qué tienen de más que nosotros? Desde ahora somos iguales.
8. »¿Qué se llevarán y qué verán en la eternidad? Porque he aquí que ellos han muerto también y desde ahora no verán la luz".
9. »Yo os digo: a vosotros, pecadores, os basta con comer y beber, robar, pecar, despojar a los hombres, adquirir riquezas y vivir felices días.

10. »¿Habéis visto el final de los justos? No se ha encontrado en ellos ninguna clase de violencia hasta su muerte.
11. »Sin embargo, han muerto, ha sido como si no hubieran existido y sus vidas han bajado a la tumba en la aflicción.

Capítulo CIII

Alegría a los muertos en justicia. Opresión de los inicuos

1. »Pero ahora os juro a vosotros, justos, por la gloria del Grande, del Glorioso, del Poderoso en dominio y por su grandeza, que
2. »conozco el misterio, lo he leído en las tablillas del cielo, he visto el libro de los santos, y he encontrado escrito y registrado:
3. »que todo bienestar, alegría y gloria están preparados para ellos y escritos para los que han muerto en la justicia; numerosos bienes os serán dados en recompensa de vuestros trabajos y vuestro destino será mejor que el de los vivos.
4. »Las almas de vosotros, los que habéis muerto en la justicia, vivirán y se alegrarán, y vuestro espíritu y vuestra memoria no perecerán ante la presencia del Grande por todas las generaciones del mundo y desde ahí no temeréis la afrenta.
5. »¡Desgraciados vosotros, que habéis muerto pecadores! Si morís en la riqueza de vuestros pecados, los que son como vosotros dicen: "Dichosos estos pecadores que han visto todos sus días,
6. »y ahora han muerto en el placer y en las riquezas, y no han visto en su vida la tribulación ni el asesinato, han

muerto en la gloria y no se ha proferido juicio contra ellos en vida".

7. »Sabed que hará descender vuestras almas al Seol, serán allí desgraciadas y su sufrimiento será grande.
8. »En las tinieblas, las cadenas y el fuego ardiente, allí es donde se ejecutará el gran castigo. ¡Desgraciados vosotros porque no tendréis paz!
9. »No digáis al observar a los justos y buenos que están con vida: "Durante su vida han trabajado laboriosamente y han experimentado mucho sufrimiento, han conocido muchos males, han sido consumidos, disminuidos y su espíritu humillado.
10. »Han sido destruidos y no han encontrado a nadie que los ayude ni con una palabra; han sido torturados y no esperan ver la vida al día siguiente.
11. »Esperaban ser la cabeza pero son la cola. Han sufrido trabajando pero no disponen del fruto de su trabajo; son alimento de los pecadores y los malvados han descargado su yugo sobre ellos.
12. »Los han dominado los que los odian y los que los agreden. Han bajado la cabeza ante quienes los odian y ellos no han tenido piedad.
13. »Han intentado alejarse de ellos para escapar y descansar pero no han encontrado a dónde huir ni cómo escapar de ellos.
14. »Se han quejado ante los gobernantes por su tribulación y han gritado contra quienes los devoran, pero sus gritos no han sido atendidos ni su voz escuchada,
15. »porque los gobernantes ayudan a los que los despojan y devoran, a los que los aniquilan; encubren la opresión, no retiran el yugo de los que los devoran, desplazan y matan; ocultan su violencia y no recuerdan que los malvados han levantado su mano contra Él".

Capítulo CIV

Palabras alteradas. Libros para los justos

1. »Os lo juro, en el cielo los ángeles se acuerdan de vosotros para bien, en presencia de la Gloria del Grande.
2. »Esperad, aunque primero habéis sido afligidos con la desgracia y el sufrimiento, ahora brillaréis como las luminarias del cielo. Apareceréis y brillaréis, y la puerta del cielo se abrirá ante vosotros.
3. »Con vuestro grito, gritad por justicia y ella aparecerá para vosotros, porque toda vuestra tribulación será visitada en los gobernantes y en todos los que han ayudado a quienes os despojan.
4. »Esperad y no renunciéis a vuestra esperanza porque disfrutaréis de una gran alegría, como los ángeles en el cielo.
5. »¿Qué debéis hacer? No tendréis que esconderos el día del gran juicio, no seréis tomados por pecadores, el juicio eterno caerá lejos de vosotros para todas las generaciones del mundo.
6. »Ahora no temáis, oh justos, cuando veáis a los pecadores crecer en fuerza y prosperidad en sus caminos ni os asociéis con ellos, sino manteneos alejados de su violencia, porque vosotros seréis socios de las huestes de los cielos.
7. »Aunque vosotros, pecadores, digáis: "Ninguno de nuestros pecados debe ser investigado ni registrado", vuestros pecados son anotados todos los días.
8. »Ahora os muestro que la luz y las tinieblas, el día y la noche vienen sobre vosotros.
9. »No seáis impíos en vuestros corazones, no mintáis ni alteréis la palabra de la verdad, no acuséis de mentirosa a la palabra del Santo y del Grande, no apreciéis a vuestros

ídolos porque todas vuestras mentiras e impiedades no os serán imputadas como justicia, sino como un gran pecado.

10. »Los pecadores alterarán y desnaturalizarán en muchas formas la palabra de verdad, y proferirán palabras inicuas, mentirán e inventarán grandes falsedades y escribirán libros sobre sus palabras.
11. »Sin embargo, si ellos escriben verdaderamente toda mi palabra en sus idiomas y si no las alteran ni abrevian, sino que escriben todo según la verdad, testificaré todo eso en favor de ellos.
12. »Las escrituras serán dadas a los justos y a los sabios para comunicar alegría, rectitud y mucha sabiduría.
13. »Las escrituras les serán dadas, ellos creerán y se regocijarán en ellas; se alegrarán todos los justos al aprender de ellas todos los caminos de justicia.

Capítulo CV

LOS JUSTOS ENSEÑARÁN LA SABIDURÍA

1. »En esos días, el Señor ordenó a los justos que llamaran a los hijos de la tierra e hicieran testimonios sobre su sabiduría: enseñádsela, porque sois sus guías, y enseñadles las recompensas que tendrán lugar sobre toda la tierra.
2. »Porque yo y mi hijo estaremos unidos a ellos eternamente en los caminos de la verdad durante su vida, y tendréis la paz. ¡Alegraos, hijos de la verdad! Amén».

Fragmento del Libro de Noé

Capítulo CVI

El asombroso nacimiento de Noé

1. Pasado un tiempo tomé yo, Enoc, una mujer para Matusalén, mi hijo, y ella le parió un hijo a quien puso por nombre Lamec, diciendo: «Ciertamente ha sido humillada la justicia hasta este día». Cuando llegó a la madurez, tomó Matusalén para él una mujer, ella quedó embarazada de él y le dio a luz un hijo.
2. Cuando el niño nació, su carne era más blanca que la nieve, más roja que la rosa; su pelo era blanco como la lana pura, espeso y brillante. Cuando abrió los ojos, iluminó toda la casa como el sol y toda la casa estuvo resplandeciente.
3. Entonces el niño se levantó de las manos de la partera, abrió la boca y le habló al Señor de justicia.
4. El temor se apoderó de su padre, Lamec, quien huyó y fue hasta donde estaba su padre, Matusalén.
5. Le dijo: «He puesto en el mundo un hijo diferente, no es como los hombres, sino que parece un hijo de los ángeles del cielo; su naturaleza es diferente, no es como nosotros;

sus ojos son como los rayos del sol y su rostro es esplendoroso.

6. »Me parece que no fue engendrado por mí, sino por los ángeles, y temo que se realice un prodigio durante su vida.
7. »Ahora, padre mío, te suplico y te imploro que vayas al lado de Enoc, nuestro padre, y conozcas de él la verdad, ya que su residencia está con los ángeles».
8. Así pues, cuando Matusalén hubo oído las palabras de su hijo, vino hasta mí en los confines de la tierra, porque se había enterado de que yo estaba allí; gritó y oí su voz; fui a él y le dije: «Heme aquí, hijo mío. ¿Por qué has venido hacia mí?».
9. Me dijo: «He venido hacia ti debido a una gran inquietud y a causa de una visión a la que me he acercado.
10. »Ahora escúchame, padre mío, le ha nacido un hijo a mi hijo Lamec, que no se parece a él, su naturaleza no es como la naturaleza humana, su color es más blanco que la nieve y más rojo que la rosa, los cabellos de su cabeza son más blancos que la lana blanca, sus ojos son como los rayos del sol y al abrirse han iluminado toda la casa.
11. »Se ha levantado de las manos de la partera, ha abierto la boca y ha bendecido al Señor del cielo.
12. »Su padre, Lamec, ha sido presa del temor y ha huido hacia mí; no cree que sea suyo, sino de los ángeles del cielo, y heme aquí que he venido hacia ti para que me des a conocer la verdad».
13. Entonces yo, Enoc, le respondí diciendo: «Ciertamente restaurará el Señor su ley sobre la tierra, según vi y te conté, hijo mío. En los días de Yared, mi padre, transgredieron la palabra del Señor.

14. »He aquí que pecaron, transgredieron la ley del Señor, la cambiaron para ir con mujeres y pecar con ellas; desposaron a algunas de ellas, que dieron a luz criaturas no semejantes a los espíritus, sino carnales.
15. »Habrá por eso gran cólera y diluvio sobre la tierra, y se hará gran destrucción durante un año.
16. »Pero ese niño que os ha nacido y sus tres hijos serán salvados cuando mueran los que hay sobre la tierra.
17. »Entonces descansará la tierra y será purificada de la gran corrupción.
18. »Ahora di a Lamec: "Él es tu hijo en verdad y sin mentiras, es tuyo este niño que ha nacido"; que le llame Noé porque será vuestro descanso cuando descanséis en él y será vuestra salvación, porque serán salvados él y sus hijos de la corrupción de la tierra, causada por todos los pecadores y por los impíos de la tierra, que habrá en sus días.
19. »A continuación habrá una injusticia aun mayor que esta que se habrá consumado en sus días. Pues yo conozco los misterios del Señor, que los santos me han contado y me han revelado y que leí en las tablas del cielo.

Capítulo CVII

Generación final de justicia

1. »Yo vi escrito en ellas que generación tras generación obrará el mal de este modo, y habrá maldad hasta que se levanten generaciones de justicia, la impiedad y la maldad terminen y la violencia desaparezca de la tierra, y hasta que el bien venga a la tierra sobre ellos.

2. »Y ahora, ¡oh hijo mío!, ve, anuncia a tu hijo, Lamec, y dile que este niño que le ha nacido es verdaderamente su propio hijo, y que esto no es mentira».
3. Y cuando Matusalén hubo escuchado la palabra de su padre Enoc, pues él le había mostrado toda cosa en secreto, volvió y la hizo saber a Lamec, y le dio a este niño el nombre de Noé, pues a él debía consolar la tierra de toda ruina y destrucción.

Capítulo CVIII

Los que amarán a Dios

1. Otro libro que escribió Enoc para su hijo Matusalén y para aquellos que vendrán después de él y guardarán la ley en los últimos días.
2. Vosotros habéis obrado bien; esperad estos días hasta que el final sea consumado para los que obran mal y hasta que sea consumido el poder de los pecadores.
3. Esperad porque verdaderamente el pecado pasará y el nombre de los pecadores será borrado del libro de la vida y del libro de los santos; y su semilla será destruida para siempre, sus espíritus serán muertos, se lamentarán en un desierto caótico y arderán en el fuego porque allí no habrá tierra.
4. Vi allí una nube que no se veía bien porque a causa de su profundidad no podía mirar por encima; vi una llama de fuego ardiendo resplandecer, y como montañas brillantes que daban vueltas y se arrastraban de un lado para otro.
5. Le pregunté a uno de los ángeles santos, que iba conmigo, y le dije: «¿Qué es ese objeto brillante? Porque no es el

cielo, sino solamente una llama brillante que arde y un estruendo de gritos, llantos, lamentos y gran sufrimiento».

6. Me dijo: « A este lugar que ves allí son arrojadas las almas de los pecadores, de los impíos, de los que obran mal y de todos aquellos que alteren lo que el Señor ha dicho por boca de los profetas, que debe venir.
7. »Porque algunas de estas cosas están escritas en libros, y otras grabadas en lo alto del cielo para que los ángeles y los santos las lean y sepan lo que ocurrirá a los pecadores, a los espíritus humildes, a quienes han afligido sus cuerpos y han sido recompensados por Dios, y a quienes han sido ultrajados por los malvados;
8. »a quienes han amado a Dios y no han amado el oro ni la plata, ni ninguna de las riquezas de este mundo y sus cuerpos han sido torturados;
9. »a quienes después de existir no han deseado alimento terrestre, son mirados como una brisa que pasa y viven de acuerdo con ello, y el Señor ha probado sus almas y las ha encontrado puras para bendecir su nombre.
10. »He expuesto en los libros toda su bendición: Él las ha recompensado, pues ha sido hallado que aman más al cielo que al soplo de este mundo, y mientras eran pisoteadas por los malvados y oían las ofensas y maldiciones y eran ultrajadas, ellas me bendecían.
11. »Ahora apelaré a los espíritus de los buenos entre las generaciones de luz y transformaré a quienes han nacido en tinieblas y no han recibido en su cuerpo honor y gloria ni recompensa como convenía a su fe.
12. »Exhibiré en una luz resplandeciente a quienes han amado mi nombre santo y los haré sentar en un trono.

13. »Brillarán durante tiempos innumerables, pues el juicio de Dios es justo y Él restaurará la fidelidad de los fieles en la morada de los caminos de la verdad.
14. »Ellos verán arrojar en las tinieblas a quienes han vivido en las tinieblas, mientras que los justos brillarán.
15. »Los pecadores gritarán fuerte y los verán brillar a ellos; verdaderamente saldrán los días y tiempos que están prescritos para ellos».

Índice